DU

DÉTERMINISME

PSYCHOLOGIQUE

PAR

J. LIPPMANN

PREMIÈRE PARTIE

STRASBOURG
IMPRIMERIE R. SCHULTZ & COMP.
1885

DU

DÉTERMINISME

PSYCHOLOGIQUE

PAR

J. LIPPMANN

PREMIÈRE PARTIE

STRASBOURG

IMPRIMERIE R. SCHULTZ & COMP.

1885

DU

DÉTERMINISME PSYCHOLOGIQUE

PREMIÈRE PARTIE

Si l'homme n'est pas suffisamment absorbé dans le moment présent soit par ses occupations, soit par ses passions; s'il n'est pas possédé complètement par la poursuite de buts dont les réalisations peuvent se trouver autour de lui ou dans le lointain et qu'il ne puisse s'enivrer ainsi des espérances vaines de l'avenir; s'il est poussé en outre, par tempérament, à raisonner quelque peu sur les problèmes de l'existence, il se sent envahi par un profond besoin de savoir ce qu'il est et quelle peut être sa destinée.

S'il n'est pas suffisamment imbu de religion, ou si la religion ne peut plus le satisfaire parce qu'il en saisit les contradictions flagrantes que la réalité lui oppose chaque jour, et ainsi qu'il ne puisse se renfermer dans cette confiance inébranlable qui est la force et la cuirasse des croyants, il se trouve bientôt dans un état de trouble et d'inquiétude qui ne lui offre plus que matière à doute et à négation.

La science, en revanche des clartés qu'elle répand en lui, par ses lumières étend une obscurité troublante sur les brillantes certitudes dont il a été nourri dès l'enfance; elle inquiète et tourmente en excitant encore ce besoin qu'elle ne peut satisfaire et qui ne demande, pour être calmé, que des preuves les plus légères des croyances qu'elle vient briser. Mais ces preuves la science ne les admet pas, la raison s'y oppose, et celle-là, tout en établissant une série de vérités contradictoires, ne parvient à rien déterminer là-dessus : toutes ses conclusions sont celles du doute ou de la négation. Si elles ne pénètrent pas avec la même facilité peut-être que les croyances, l'habitude cependant parvient à les asseoir assez solidement ; mais cette base reste toujours branlante parce que les croyances satisfont mieux : elles donnent l'éternité avec ses béatitudes célestes, et affranchissent à jamais l'homme de ce qu'il hait le plus dans cette vie : des souffrances et de la mort.

Elles laissent dès lors, en disparaissant, un profond sentiment de vide qui trouble, inquiète et assombrit. On sent que quelque chose manque à sa nature, et il se dégage de cet état une nécessité absolue de retrouver le calme, en pénétrant plus en avant dans cette étude de soi sans laquelle on ne peut résoudre ces mystères.

Cette recherche n'a rien qui puisse alarmer ; rien que de l'entreprendre, rien que de poser les premiers principes qui doivent la guider, semble déjà tranquilliser et affaiblir cette inquiétude qui y a poussé.

Comme pour toute recherche, il faut une méthode, qu'il faut se tracer en quelque sorte un chemin où tous les obstacles soient aplanis, il ne peut y avoir une meilleure règle à suivre à cet effet que d'observer soigneusement tous les faits qui se rattachent à cette étude, de n'en laisser de côté aucun qui puisse être soulevé tout d'un coup, et puisse détruire les résultats acquis par un travail lent et laborieux.

Il n'est donc pas possible pour le but qu'on se propose d'isoler les phénomènes les uns des autres, de ne tenir aucun compte de l'organisme dans l'analyse des jeux de la pensée et des phénomènes qui s'y rattachent, dans l'examen de l'évolution des sentiments et des passions, dans l'étude des sensations et de toutes les manifestations qui les complètent ; de même qu'il n'est pas possible d'oublier que les phénomènes organiques se compliquent de ces excitations psychologiques qui se révèlent par leurs localisations dans les diverses parties du corps.

Tout se tient, tout se lie chez l'homme ; tantôt le fait spirituel, tantôt le fait matériel le domine, l'un empruntant à l'autre pour son développement, l'un ne pouvant avoir sa révélation sans l'autre. Il n'est donc pas possible de détacher brusquement ces deux ordres de phénomènes l'un de l'autre, sans des preuves bien évidentes ; cette seule raison qu'ils semblent différer essentiellement entre eux, ne suffit pas pour justifier cette double abstraction :

1° D'un milieu en moi, dit spirituel, qui est ce moi,

2° D'un autre milieu au dehors de ce moi, dit matériel, au-dessus duquel ce moi plane détaché, quand au contraire l'union entre ces phénomènes est tellement étroite que l'un ne semble se concevoir sans l'autre.

Cette union se révèle dans tous les actes de la vie ; elle établit d'une façon indubitable une subordination réciproque qui paraît assigner l'unité à ces deux ordres de faits si différents et entraîner la conception d'un milieu où ces manifestations s'imposent et en provoquent d'autres, de même que ce milieu en fait naître qui lui reviennent, toutes s'y révélant sous la forme de sensations. C'est une contradiction flagrante de ces abstractions et une affirmation constante du fait matériel tangible qui en serait une des phases, comme le fait spirituel en serait l'autre. Mais encore que cette abstraction se trouve ainsi contredite, il se rencontre en l'homme des phénomènes tellement étonnants, un développement si admirable qu'à son tour le fait matériel semble trop faible pour pouvoir enserrer tant de grandeur.

On se sent ainsi ballotté de l'un à l'autre, et dans cette espèce d'instabilité qui en résulte, il ne devient que trop naturel de chercher à être fixé sur le caractère de tous ces phénomènes, dont un certain nombre sont la négation des lois que la science s'impose; ce sont ceux qui découlent de la liberté de l'homme : cette liberté est le renversement de cette digue régulière, où la science s'efforce d'enfermer l'ensemble des faits de la nature sous forme de lois qui doivent les régir d'une façon constante et absolue.

Qu'on approfondisse les faits spirituels ou les faits matériels, et si l'on veut seulement ces derniers, ou pour le moins la matière d'où ils émanent, ce qui paraît être bien aisé, puisque tout y est palpable, rien que de faire cet essai suffit pour y révéler une première impuissance, c'est l'impossibilité absolue de connaître autrement que par les impressions que nous sentons en nous, soit qu'elles proviennent de l'organisme, soit qu'elles aient leur origine dans le milieu qui nous environne.

De l'impossibilité absolue de connaître autrement que par les sensations.

Toutes nos connaissances, tout ce qui se révèle à nous, n'est que par les sensations que nous avons, ou que nous avons eues; toutes nos conclusions ont ces manifestations pour base, et quoiqu'elles paraissent s'y soustraire à première vue, elles ne sont que par les impressions qu'elles ne font que rendre, en en élargissant le champ. Nous ne pouvons pas déterminer les propriétés de tel objet d'une façon absolue; nous les sentons uniquement de telle façon, et la façon dont nous les sentons, dépend entièrement de notre nature; c'est ainsi que nous les déterminons. Qu'on détruise nos sensations, qu'on admette en un mot nos organes trop imparfaits pour transmettre les impressions: que nous ne puissions ni voir, ni entendre, ni toucher, ni goûter, ni sentir, tout ce qui est, serait vis-à-vis de nous comme si cela n'était pas, il n'en est pas de preuve plus concluante que l'homme et ce que l'homme établit.

Qu'il soit assez maître de lui pour maintenir le calme sur son visage et dans son regard, de façon à n'y laisser apparaître ni trouble, ni émotion; quel autre que lui saura les mouvements qui l'agitent, les passions qui le tourmentent, les faiblesses auxquelles il est en proie? quel autre que lui pourra décrire les luttes qu'il soutient constamment; les motifs qui le poussent, soit dans un sens, soit dans un autre, et qui le font succomber à la tentation ou l'en arrachent triomphant? Lui-même acteur et spectateur à la fois de toutes ces agitations et qui semblerait devoir les guider et les dominer toutes, à force de les observer, lui-même se sént surpris par elles; elles surgissent inopinément en lui, l'envahissent, le bouleversent tout d'un coup, et brisent en un rien de temps toute cette force qu'il a cru conquérir sur elles.

S'il parvient aussi à la longue à saisir à peu près jusqu'aux moindres mouvements qui le traversent ou qui menacent de le surprendre, que connaît-il de ces mouvements et de ces impressions? Que ce sont des manifestations qui lui donnent impulsion dans telle ou telle direction, qu'elles sont ou neutres, ou agréables, ou désagréables, et voilà tout. Mais peut-il seulement en saisir les causes: comment il se fait qu'il a des impressions; que tous ses besoins sont là comme une nécessité absolue pour le maintien de son organisme; sait-il comment naissent ses dispositions, ses excitations, ses désirs, ses penchants, ses passions qui disparaissent tour à tour et sont remplacées par d'autres plus absorbantes, parce qu'elles sont plus fraîches? Sait-il seulement ce que c'est que cette vitalité qui l'emplit tout entier et qui se révèle dans tous ses actes?

Que peut-il en conclure? Qu'il a une activité propre, localisée quelque part et partout dans ses organes; que ceux-ci lui transmettent des impressions qui se révèlent à lui, et qui par leur nature poussent soit à les reproduire, soit à les éviter; que cette activité lui permet de multiplier lui-même ces manifestations et de créer ainsi l'étendue du champ des sensations, c'est-à-dire des connaissances. Mais qu'il veuille sonder quelque peu ses impressions les plus habituelles, les plus simples, les plus immédiates, il verra qu'il sera réduit à des peintures vagues et condensées de l'ensemble des sensations, plus nettes dans leur révélation que toutes les explications qu'il cherchera à en donner. S'il peut aussi établir que les agréables sont plutôt conservatrices, qu'elles remplissent de satisfaction, et que les désagréables sont au contraire destructives et provoquent l'irritation; que telle partie organique est le siège de ces phénomènes, il ignore comment et par quoi ces organes sont ainsi sensibilisés pour pouvoir servir d'intermédiaire ou d'interprète entre le monde extérieur et lui qui est tout son monde; comment lui-même est sensible; comment il se fait qu'il est ce qu'il est, et qu'il est comme il est.

S'il examine maintenant ceux de son espèce avec qui il est en contact journalier, et avec qui, par une organisation admirable de sa constitution, il peut entrer en communication tout aussi bien qu'avec lui-même, il saisira en eux une identité de caractères constitutionnels, une même apparence d'organisation que ses sens et son intelligence lui aident à fixer, mais il ne verra de son semblable, au point de vue interne, que ce que celui-ci voudra bien ne pas lui cacher ou ne pas lui dénaturer. Ainsi ces mouvements intérieurs, qu'il a déjà tant de peines à connaître en lui, lui échappent, et le plus souvent il ne lui reste d'autres moyens pour les déterminer que d'observer les actions de ses pareils pour en référer aux mobiles, par simple analogie. Si on veut bien se souvenir des divers mouvements si opposés et si variés qui président à nos actes, et qui nous surprennent nous-mêmes si souvent, combien il y a de dispositions qui restent pour ainsi dire à l'état latent, et que les circonstances font déborder, il est aisé de conclure combien cette méthode est superficielle et imparfaite. Ce sont les mêmes êtres comme organisme; en réalité ils diffèrent complètement dans leur essence:

l'intelligence, la raison, la mémoire, les dispositions, les penchants, les passions, tout en étant de même nature, y ont des variations infinies; ils changent avec les circonstances, avec les climats, avec la vie, avec l'âge en chacun et de chacun à chacun.

Mais s'il n'est pas possible de savoir par soi-même ce qui se passe en autrui, on peut parvenir du moins à entrer en assez étroite communion avec quelques-uns, pour pouvoir pénétrer en eux comme en soi-même et aller au delà de ces sensations superficielles qui sont l'origine de nos préjugés. Si même celles-ci doivent guider, grâce au langage, on peut encore pénétrer au delà du masque humain, tout en risquant de s'y égarer; mais il n'en est plus de même dès qu'on veut fouiller l'existence des autres êtres.

Si on parcourt l'échelle des êtres animés et des milieux qui paraissent inanimés, depuis les plus parfaits jusqu'à la dernière limite de ce qui est, on se voit forcé, pour s'en rendre compte, de s'en fier entièrement aux impressions qu'on en reçoit et que corrobore l'intelligence; à mesure qu'on descend l'échelle, les manifestations, si multiples d'abord, vont en diminuant; elles se réduisent petit à petit, tellement qu'on n'a plus d'autres ressources pour en fixer les causes que de les déterminer par les impressions qu'on n'en reçoit pas, pour arriver de la sorte à une connaissance, toute de négations.

Le mouvement intérieur des sensations chez les êtres les plus complets échappe à l'homme; certains actes externes peuvent seuls le guider; il ne connaît plus ce qui peut se passer en eux, ni les manifestations qui précèdent et amènent leurs actes qui ne sont pas directement des appétits, ni celles qui les suivent. Si on y constate les éléments indiscutables de la mémoire et certains faits si admirablement dirigés, qu'ils ne semblent pas ne pas provenir ou d'un profond raisonnement, ou d'un perfectionnement extraordinaire, on préfère en assigner l'origine à l'instinct, c'est-à-dire à une poussée machinale, naturelle,

vague, irrésistible, inférieure à cette intelligence dont on
se glorifie, sans qu'on sache ce que peut être ce sentiment
aveugle qui guide mieux que les plus savantes combinai-
sons. Cette infériorité que nous nous plaisons ainsi à établir
dans les animaux, n'est peut-être qu'un résultat de notre
ignorance, ou de l'imperfectibilité de leur organisme. Cette
imperfectibilité ne permet plus de communication directe;
la face est un masque à jamais impénétrable que les chan-
gements d'humeur ne peuvent plus altérer; l'œil, lui-même,
n'est plus qu'un pâle miroir; à peine laisse-t-il entrevoir
quelques vagues reflets des agitations internes; certains
sons, certains mouvements semblent seuls dénoter encore
d'une façon précise les puissantes sensations qui viennent
agiter ou torturer ces êtres vivants.

Toutes ces manifestations diminuent à leur tour; elles
perdent de leur délicatesse; les nuances, d'abord si tran-
chées, s'effacent les unes après les autres; le son perd ces
inflexions qui s'adaptent si bien aux sensations; il ne se
produit plus que sous l'excessive douleur; bientôt celle-ci
devient impuissante à l'arracher; les mouvements du corps
qui servaient ou à le compléter ou à le suppléer, se simplifient également; la souffrance seule y imprime encore
sa puissante marque, soit par l'abattement dont elle alourdit
les membres, soit par les convulsions dans lesquelles elle
les tortionne; les mouvements de déplacement restent bientôt
les seuls signes révélateurs de la vie, et en s'anéantissant
semblent détruire toute vitalité animale: on rangea longtemps certains êtres parmi les plantes. Quoique le règne
végétal présente en lui tous les caractères d'une vie organique, dont les vestiges se retrouvent en l'homme, quoiqu'il
paraisse plus aisé à pénétrer par la simplification des constitutions, elles ne laissent cependant percer au delà de leur
surface; le travail intime qui préside à leur organisation, à
toutes leurs fonctions, à cette fécondation également remarquable, ce travail échappe à nos recherches; il reste incompréhensible, quoi qu'on fasse.

L'homme s'aidant de la science a pu saisir la vie jusque dans ses plus profonds replis; il a pu se rendre compte de l'enchaînement des constitutions et découvrir jusqu'aux fonctions les plus cachées de l'organisme; mais le mystère ne continue pas moins à envelopper ses sensations qui forment tout son être, parce que c'est par elles qu'il se détermine.

On aperçoit partout les effets de cette vitalité si subtile, et elle reste insaisissable; on la sent partout, on la suit sans pouvoir l'atteindre jamais; tantôt c'est une force, tantôt un fluide, une simple sécrétion née des organes, ou tout un être spécial logé dans ces organes, qu'il sensibilise et qui lui servent d'instruments. Quelle que soit d'ailleurs l'image qu'on affectionne, ce n'est qu'une peinture entourée d'obscurité que toutes les recherches n'ont pu dissiper: on est toujours à ignorer ce que c'est que cette force, ce fluide, cette sécrétion, cet être spécial: nos sensations ne vont pas jusque-là.

Il semble cependant que la clarté doive se répandre au fur et à mesure que les impressions produites se simplifient, et qu'elle doive être complète dès que la vie organique cesse. Mais le même obstacle ne laisse pas que de surgir là également: malgré tous nos efforts, nous ne pouvons pas pénétrer ces éléments inertes.

Là, plus de vitalité, il est vrai; le classement est facile; les corps sont simples ou composés, solides ou fluides, composables ou indécomposables, bons ou mauvais conducteurs de son, de chaleur, de lumière, d'électricité. Mais que sont ces états qui dépendent du plus ou moins de cohésion moléculaire, d'une température plus ou moins élevée, d'une attraction ou d'une répulsion incompréhensible vis-à-vis de l'inertie qui semble être la propriété spéciale de cette matière si palpable. Ce sont les résultats des forces attractives, répulsives, thermiques; mais que sont ces forces abstraites qui ne peuvent être que par un milieu qui les possède, et dont elles ne sont que les révéla-

tions? Que sont la chaleur, la lumière, l'électricité? des
fluides en mouvement; cela est indiscutable; mais quoi
alors ces fluides, d'où émanent-ils? Quelle en est la façon
d'être pour produire de telles manifestations? Surgissent-ils
de la matière, et ne sont-ils que des modalités de cette
matière mue se révélant de cette façon? Et qu'est-ce que
la matière? Tous les éclaircissements qu'on peut en donner
à ce sujet, tout ce qu'on peut en dire, c'est de les peindre
sous les diverses impressions qu'on en reçoit: c'est ce qui a
permis de classer celles-ci, en faisant conclure des manifestations différentes qu'on en a à des états également différents.

L'homme est parvenu, il est vrai, à trouver les règles
de certains de ces états, à les reproduire même, grâce à
cette admirable nature qui lui permet de créer des abstractions autour desquelles il groupe l'ensemble des phénomènes,
d'en déterminer ainsi les lois de production, c'est-à-dire,
les conditions apparentes régulières d'après lesquelles ils
se répètent; mais dès qu'il veut pénétrer au delà de ces
abstractions, pour leur donner une plus grande réalité, par
la simplification, le nombre des moyens d'investigation
diminue jusqu'à cette limite où les sensations semblent
fuir, où il ne reste plus que la conviction de quelque chose
de vague, qu'on ne peut plus déterminer: on se trouve
devant une surface unie comme un miroir qui renvoie,
avec l'image de nos propres sensations, celle de notre impuissance.

Ainsi les mêmes barrières se dressent devant les orga-
nisations les plus simples comme devant les plus com-
plexes: on ne peut pénétrer ni dans les unes, ni dans les
autres; on reste à la surface avec ses propres impressions.

Comme ce sont les organismes les plus compliqués
qui sont causatifs de la pluralité des sensations, c'est leur
étude qui offre le plus de ressources; mais tous échappent
réellement à cette recherche, si on veut approfondir quelque
peu au delà de ces manifestations; il n'y a qu'un milieu
qui le permette : c'est l'homme, en lequel tout phénomène

a sa révélation, ou plutôt en qui tout ce qui n'a pas sa révélation, n'est pas vis-à-vis de lui.

Nous sommes donc invariablement ramenés à nous-mêmes : l'univers tout entier n'est vis-à-vis de nous que par les impressions que nous y puisons ; si notre corps cessait d'y être sensible, l'univers serait mort pour nous, comme nous le serions pour l'univers.

Toutes les sensations que nous en recevons, tout ce que nous connaissons est en nous par nous ; c'est de la sorte que nous possédons l'univers. Sait-on ce qu'il y a de réalité dans cette possession, puisqu'il suffirait que nous sentions autrement pour que cette possession soit autre, puisqu'il suffit que nous précipitions nos jugements pour fausser en partie une telle possession ? Il faut sortir d'un pareil doute qui égare, il faut apprendre à se connaître, à déterminer nos propriétés pour parvenir à cette certitude que nous ne sommes pas abusés par nous-mêmes dans ces vastes conceptions, et que ce ne sont pas des illusions, ces impressions sur lesquelles nous établissons nos pensées, notre existence et tout notre monde extérieur.

Comme toutes nos connaissances dépendent de la nature de nos sensations, de leur enchaînement expérimental, de leur jeu, c'est leur étude qui seule peut jeter quelque lumière sur les phénomènes multiples que révèle la nature humaine.

Des manifestations premières et des conséquences qu'elles entraînent.

A supposer que nous annulions toutes nos connaissances, et que, par un tour de notre imagination, nous nous mettions dans la situation de l'enfant qui vient de naître, les premières impressions, les premiers stimulants, que nous recevons alors, sont causés par les besoins de la vie, par les impérieuses nécessités de la faim et de la soif. Obligés de nous y soumettre à la suite des sensations spéciales logées au fond de l'orifice buccal et de l'estomac, nos lèvres cherchent avec avidité autour d'elles de quoi les apaiser; si elles ne le peuvent ou si elles ne rencontrent que des objets qui provoquent une contraction répulsive de rejet et d'irritation, la souffrance naît, elle est bientôt suivie de la mort. Si, au contraire, elles trouvent de quoi les calmer, une certaine satisfaction gagne l'être, le détend; le repos y succède à cette agitation pleine d'inquiétude. Ce sont là nos premières sensations, à côté de quelques autres douloureuses issues du premier contact avec le monde. Ce sont les premiers signes de notre activité, sur lesquels se concentre tout l'individu; c'est de leur réapparition régulière qu'il dépend entièrement; qu'on les suspende un instant de façon à ce que nous n'ayons plus ni faim, ni soif, on devient indifférent, malade; la vie s'en va et on se meurt; pour peu qu'ils renaissent, l'activité se relève et avec elle tous les autres besoins.

Ces sensations imposent leur volonté et forcent à un choix, en ce sens que pour les contenter, on ne peut accepter indifféremment ce qui se présente : la mesure en est, à l'origine, dans l'impression produite au contact qui est ou agréable, jouissante, attractive; ou désagréable, douloureuse, répulsive.

Ce qui devient indéniable à cette première vue, c'est que la faim et la soif, la jouissance et la souffrance sont des réalités à toute épreuve vis-à-vis de nous; que tous nos efforts sont ramenés violemment vers elles, soit pour les rechercher, soit pour les éviter, et ainsi tous nos moyens, toute notre aptitude sont dirigés dès les commencements à poursuivre ce double but.

Après avoir suivi une première fois les nécessités absolues de nos besoins qui se répètent journellement, une poussée toute naturelle nous oblige à renouveler les sensations produites au contact des objets qui les ont apaisés. En portant les aliments à nos lèvres, tout naturellement,

parce qu'elles localisent, en premier ressort, les jeux mus-
culaires provoqués par les sensations révélatrices de la
faim et de la soif, nous avons eu des impressions de chaud
ou de froid, de moelleux ou de dureté, qui, dès l'abord,
ont poussé à la continuation ou à la suspension de cette
tendance d'absorption; si l'expérience se continue, si les
aliments pénètrent dans la bouche, les sensations de saveur
viennent compléter les précédentes auxquelles sont venues
s'ajouter les impressions de l'odorat qui déjà avaient entraîné vers la cause, quand elles n'en avaient détourné.
Nos regards se tournant naturellement vers les objets qui
semblent amener toutes ces manifestations, nous en perce-
vons les formes ou les images, de même que nous y localisons les sensations sonores, si ces objets en ont produit.
Par un effet expérimental dû à notre constitution, et puisé
dans la répétition de ces sensations, la vue ou l'ouïe nous
fait percevoir à distance les objets qui les produisent, nous
en détourne ou nous guide vers eux; l'odorat affermit cette
direction, le toucher la confirme et le goût nous détermine entièrement. C'est ainsi que nous agissons et que
nous acquérons des réalités quant à ces diverses sensations, et de même qu'il est certain que nous avons ces
sensations propres à notre nature, de même aussi il est
certain qu'elles se produisent au contact soit immédiat, soit
à distance de corps qui sont en dehors de nous.

Nous arrivons de la sorte à cette réalité qui prend
corps en nous:

D'une série de sensations puisées sur une certaine
étendue en dehors de nous et que la vue délimite, puis
de la réunion en nous, autour de cette limite imagée, de
toutes ces sensations.

Ainsi nos besoins nous forcent à rechercher tout ce
qui peut les satisfaire; tout naturellement nous reportons
à la manifestation de formes toutes les autres qui l'ont
précédée ou suivie, nous nous dirigeons vers la cause de
ces impressions, ou nous nous en détournons, et toutes les

expériences viennent confirmer la justesse de ce choix, ou servent à le rectifier, s'il y a eu erreur dans ce choix.

C'est donc par l'usage de nos organes que nous déterminons les corps extérieurs, au moyen des sensations que nous en éprouvons et que nous y localisons, et c'est là la connaissance naturelle réservée à tous les êtres vivants; c'est selon le degré de perfection de ces organes que cette connaissance est plus ou moins développée, ou plus ou moins raccourcie. La suppression de la vue, de l'ouïe, de l'odorat, du goût, du toucher entraînerait celle de toute connaissance; quand l'une ou l'autre classe d'impressions manque, les moyens de sentir et de connaître sont écourtés d'autant.

Si on examine de là ce qui se passe chez l'homme et en général chez tous les êtres vivants, on constate d'une façon irréfutable que tout le corps n'est pas également soumis aux mêmes sensations; il s'y rencontre des parties d'une étendue déterminée, accessible chacune à une classe spéciale d'impressions, c'est-à-dire, que cette série de sensations ne se produit pas par tout le corps indifféremment, mais elles sont spécialement localisées par telle partie organique et ne le sont pas par telle autre; les sensations de la vue, de l'ouïe, de l'odorat, du goût ne se révèlent pas par toutes les parties du corps; elles ne sont qu'autant que certains organes sont appliqués à un contact déterminé; de plus, chacune de ces sensations a lieu sans entraîner les autres à sa suite; celles-ci ne se produisent que s'il y a application à l'objet causatif, des organes spéciaux qui servent à les manifester. Il en résulte que tous ces organes ne sont pas les mêmes au point de vue de la transmission des impressions; ni les uns, ni les autres ne provoquent indifféremment l'une ou l'autre espèce de sensations.

Comme elles restent ainsi isolées, comme chaque classe a sa localisation spéciale, de telle sorte qu'il n'y a aucun contact continu commun à toutes, et qu'ainsi il n'y a aucun lien direct, immédiat entre toutes, s'il y a relation entre elles, il faut qu'elle soit établie en un endroit de l'organisme où aboutissent tous les organes localisateurs de toutes ces manifestations.

Cette relation est nécessaire, car si elle n'était pas, les impressions resteraient isolées, de sorte qu'une sensation se produisant serait circonscrite à son organe, et n'ayant aucun rapport avec les autres ou avec les modifications qu'ils transmettent, elle ne pousserait à aucune application; elle formerait un tout, sans autre complément, et ne pourrait être stimulée que par le contact qui l'a produite. Il deviendrait impossible dès lors d'attacher à un seul et même objet plusieurs sensations, puisqu'elles n'auraient aucun lien de commun; les besoins mêmes ne pourraient être satisfaits, n'étant eux-mêmes révélés que par des impressions spéciales mises en rapport avec les autres qui doivent servir à guider dans leur apaisement. On constate d'ailleurs aisément qu'une sensation quelconque entraîne l'application d'un autre organe, sans qu'il y ait d'autre impression qui la suive; que toutes les sensations sont liées entre elles en ce que les unes déterminent l'évolution des façons d'être des autres qui se sont révélées au contact des mêmes causes, et ainsi il faut un lien commun entre toutes, que toutes aboutissent à un même endroit de l'organisme et par conséquent les organes conducteurs également. Comme ceux-ci sont isolés dans le corps, il faut qu'ils se réunissent tous en un lieu spécial, en un centre récepteur des manifestations qu'ils localisent. Ce centre peut être formé de toutes les parties aboutissantes de ces organes; il peut être d'une nature toute différente. Il n'y a pas d'autre dilemme de possible. Quel qu'il soit, il faut que ce qui compose ce milieu soit sensible à toutes les sensations qui mettent ce centre en rapport avec l'organisme et ce monde qui l'environne.

Les besoins étant en l'être, et étant révélés dans les parties du corps par où l'absorption alimentaire doit avoir lieu, les tiraillements, les serrements, les avidités qui s'y localisent et qui en sont les signes impérieux, sont transmis à ce centre par les organes correspondants. La violence de ces sensations augmentant avec la durée de l'attente jusqu'à étourdir, il faut que l'homme ou le centre s'efforce à les apaiser. Il y emploie naturellement toutes ses ressources pour la recherche des objets qui peuvent les satisfaire; c'est alors que ceux-ci passent par les impressions préliminaires de l'ouïe, de la vue, de l'odorat, du toucher et du goût, et selon que cette dernière sensation a été agréable ou non, que l'absorption a calmé ou non, il se guide d'après ces manifestations pour les éviter ou les rechercher dorénavant, s'attachant naturellement à celles qui ont aidé à le satisfaire. Dans le cours de cette expérience, il se base par enchaînement sur les sensations qui le renseignent le plus promptement et de préférence sur les manifestations de la vue. Il se forme ainsi en ce centre des groupes de toutes ces impressions reçues soit antérieurement, soit postérieurement au contact des mêmes objets, et chacun de ces groupes détermine la notion. La sensation la plus précise, la plus nette, la plus délicate devient naturellement le noyau de ce groupe.

C'est en vertu de cette association que l'on arrive à conclure avec certitude, par une correspondance tellement rapide, qu'elle paraît instinctive, de cette sensation reçue au contact, soit à distance, soit direct, à la façon d'être de celle qu'on cherche ou qu'on veut éviter.

Des propriétés de ce centre révélées par le jeu des sensations.

Sous le coup des besoins, les sensations qui les déterminent s'imposent à l'être sous la forme d'une poussée interne, irrésistible; obligé de s'y plier dans son effort pour le faire, il sent en lui une puissance d'action qui lui permet d'agir sur une série de ses organes, de leur imprimer des mouvements dans divers sens, soit pour rechercher

les objets qui lui sont nécessaires pour vivre, soit pour
éviter ceux qui pourraient être dangereux à cette existence.
Les sensations qu'il recueille de cette façon le poussent à
continuer ou à modifier sa direction.

Cette puissance d'action révèle qu'il a activité; l'emploi naturel qu'il fait de cette activité, en l'appliquant
forcément aux sensations et aux divers mouvements qui
l'agitent et qu'il détermine, parce qu'il les sent, c'est l'attention. La direction qu'il prend à la suite de cet examen
est le résultat de l'impulsion aux organes. Cette impulsion
est d'abord immédiate à la sensation poussant vers l'objet
ou en détournant, c'est la volonté obtuse, instinctive si on
veut; plus tard elle est provoquée par le choix qui modifie
cette impulsion ou sa direction, c'est la volonté éclairée
ou libre.

L'activité, l'attention, la volonté se tiennent en ce
sens que les sensations, par le fait de leur révélation, sont
un jeu de l'activité stimulée par elles, que l'attention en
est une suite forcée dès qu'il y a sensation, parce qu'elle
se révèle telle; l'attention peut être au plus sollicitée de
quelqu'autre côté encore, par quelques autres manifestations; que la volonté est une des formes de cette activité,
passant d'un état récepteur à un état impulseur ou réflexe,
impulsion immédiate à la sensation, mais impulsion que le
centre peut arrêter dans son évolution, ou en donnant de
préférence suite à une autre, ou en s'opposant purement à
sa réalisation. La volonté montre donc par son application
une propriété nouvelle: celle de la liberté, qui permet au
centre de se soustraire à l'impulsion réflexe de telle espèce
de sensation pour suivre celle qu'il lui plaît. Cette propriété est inhérente à son activité, puisque sans activité
la volonté ne peut exister et encore moins forcément un
de ses degrés, une de ses phases évolutives.

L'activité, l'attention, la volonté ne peuvent avoir leur
origine ou leur siège qu'en ce centre où aboutissent tous
les organes.

Pour que l'activité soit, il faut qu'il y ait contact avec des organes sur lesquels elle puisse se révéler; de plus, pour qu'elle prenne direction, il faut qu'elle soit guidée par les besoins et les sensations; il faut donc qu'elle soit en contact avec tous les organes qui localisent ces sensations et ainsi de même avec tous ceux sur lesquels l'activité se déploie; elle est donc nécessairement au centre. Si on suppose même un organe spécial localisateur de l'activité (comme il en est des organes des sens), et qui envoie également sa modification au centre; pour qu'elle soit excitée, il faut qu'elle reçoive les impressions causatives soit directement, soit par acte réflexe du centre. Pour le premier cas, il est évidemment le centre, puisqu'il est le lieu où toutes les sensations aboutissent; pour le second cas, l'activité est évidemment au centre, puisqu'il est le transmetteur de toutes les modifications impressives, qu'elles proviennent ou des organes des sens ou de celui de l'activité; ce centre aurait tout simplement une activité de beaucoup plus complète que l'autre, et ainsi pour tout le moins, elle est au centre.

Les sensations d'ailleurs ne sont autre chose que des révélations des variations d'activité; elles en sont des modalités, le centre est actif rien que de sentir, et dès lors la localisation de cette faculté dans ce centre est indiscutable; on peut au plus prétendre encore, qu'accompagnant les sensations, elle est répandue dans tous les organes où elles sont placées.

L'attention et la volonté n'étant que des efforts de cette activité, des modalités dues à son application, celle-ci déterminant ce centre à s'occuper plus de telle sensation que de l'autre, celle-là formant cette occupation, il faut évidemment qu'elles soient au centre. On pourrait d'ailleurs faire ici le même raisonnement que précédemment, en faisant remarquer que l'attention est dirigée sur toutes les sensations, qu'ainsi il faut qu'elle soit en contact avec toutes, et que la volonté, se basant sur ces mêmes sensa-

tions, pour ses impulsions et pour le choix, il faut également qu'il y ait ce contact commun avec toutes qui n'est
qu'en ce centre.

Du discernement et de la certitude propriétés du centre.

Par la nature de son organisation, l'homme, comme
tout autre être, est soumis à des sensations différentes; il
recherche les unes, évite les autres; ces actions établissent
suffisamment, non seulement qu'elles ne sont pas les mêmes,
mais surtout que le centre les sent différemment; il constate les variations qu'il y a dans ses impressions. Cette
constatation se fait naturellement; c'est le résultat immédiat
de chaque sensation; il en est inséparable, il accompagne
la constitution de la sensation: on sent comme on sent, et
pas autrement qu'on ne sent. Comme cet effet accompagne toutes les sensations, il se base sur les sensations
mêmes, et comme le centre a toutes ces sensations, le discernement y a nécessairement sa localisation.

Mais pour arriver à ces constatations, il faut pour le
moins que l'être ait la certitude de ce qu'il ressent et des
différences qu'il ressent. D'ailleurs, le propre de chaque
sensation, c'est de se manifester en chacun, par ce qu'il
ressent et de la façon qu'il ressent; si donc cette impression devait rester vague, incertaine, flottante, il en résul-
terait qu'on ne ressentirait rien, ne pouvant rien déterminer de ce qu'on sent, cette impression incertaine ne
serait même pas possible, puisqu'on n'aurait pas la certitude de la sentir telle. On n'aurait donc aucune sensation;
toute recherche, toute direction deviendrait impossible, de
même que toute activité, toute attention, toute volonté.
Mais on ne peut sentir autrement qu'on sent, et on sent;
il y a donc certitude de ce qu'on sent; cette certitude est
immédiate à la sensation; elle est évidemment en ce centre
qui a toutes les sensations.

Il se présente alors deux cas :

Ou cette certitude n'a pas de durée au delà de celle de la sensation ;

Ou elle continue d'être à l'état latent malgré la disparition de l'impression.

En admettant que cette certitude impressive n'ait pas d'autre durée que celle de la sensation, il en résulte qu'elle cesse avec celle-ci, de sorte que toute sensation surgissant en l'être, la certitude de sa façon d'être naît et meurt avec elle, et par conséquent, quelle que soit la sensation, il faut qu'elle soit, pour qu'il y ait certitude de sa façon d'être, et qu'il y ait contact avec les différents organes pour qu'il y ait impression et certitude des sensations que ce contact peut produire.

Une manifestation quelconque ne pourrait dès lors amener à la certitude de la façon d'être impressive d'une autre provoquée par la même cause, ni du sens de cette autre, de sorte que l'association des sensations devient impossible. Nulle ne peut amener à une autre, ni imprimer la certitude qu'étant donnée la production de deux ou plusieurs sensations au contact d'un même objet, si celui-ci en détermine une, il provoquera également les autres, puisqu'il n'a rien conservé des autres ; la certitude d'identité des corps ne peut plus avoir lieu ; il faudrait, à la fois et chaque fois, l'application de tous les organes pour en avoir les sensations, ce qui est impossible ; on ne peut pas à la fois sentir, goûter, toucher, entendre et voir le même objet ; il faudrait de plus la certitude que cet objet a déjà produit ces mêmes impressions, ce qui ne peut avoir lieu que par la durée des certitudes impressives, quelque courte qu'elle puisse être.

L'être se verrait alors obligé, pour répondre à ses besoins, de renouveler chaque fois ses essais, de sentir tout à nouveau chaque fois, sans direction, ni choix, et de continuer ainsi tout le temps de son existence. La vue ne suffirait plus pour le décider dans sa direction, pas plus que l'ouïe; il ne serait plus averti des dangers qui menacent sa vie; il ne les sentirait qu'en en supportant les effets et ainsi trop tard; il n'aurait plus cette poussée vers tel objet pour l'essayer plutôt que vers tel autre, puisqu'il ne pourrait rien déterminer à distance; il serait comme s'il était aveugle.

L'observation montre que chacun, comme chaque être animé, dans le cours de la vie, fait une série d'expériences pour acquérir les diverses manifestations émanées d'un même corps; qu'il passe par-dessus plusieurs d'entre elles pour conclure de l'une à une autre quelconque, et s'il se trompe à l'origine, il rectifie son erreur pour la suite; il arrive ainsi à une série de notions plus ou moins étendues suivant le degré de son perfectionnement organique. Cet enchaînement, ce développement des certitudes, des façons d'être des unes aux autres, se produit si naturellement, qu'il paraît instinctif, ou plutôt semblable à ces actes immédiats qu'on a rangés sous cette émission, n'exigeant aucun travail, aucune peine, comme si ce lien d'expérience était un lien naturel, un lien d'hérédité; ce dernier, acquis lors de la gestation, n'est d'ailleurs qu'en vertu de la possibilité de ce lien d'expérience (expérience de l'ascendant transmis au descendant), celui-là faisant conclure à celui-ci, et inversement. Mais il ne peut être que par la conservation des façons d'être des sensations, de la certitude ou immédiate ou expérimentale de ces façons d'être; la rapidité de l'opération prouve l'excellence de cette propriété conservatrice constituant la base de la mémoire.

Comme le discernement est localisé au centre, que la certitude et la durée en sont la base et la conséquence, il en résulte qu'ils y ont également leur siège et forcément la mémoire.

On peut admettre ici également, que du moment que ces diverses révélations accompagnent chaque sensation, elles peuvent être logées dans chaque organe correspondant, tout en étant en ce centre. C'est là une conclusion qui tombera par l'étude des localisations des sensations.

De la constitution du moi par la sensation, de la nature de la sensation.

En considérant la nature des manifestations ou des sensations qui se révèlent à nous, nous remarquons, qu'en quelque lieu où elles se présentent, elles font corps avec nous, qu'elles sont en nous ou nous, si on peut s'exprimer ainsi, en ce sens que c'est bien nous qui avons ces sensations, qu'elles sont entièrement en nous; que la façon dont elles se manifestent à nous détermine leur manière d'être vis-à-vis de nous-mêmes, en même temps qu'elles nous montrent le moi en possession d'une sensibilité dont les diverses révélations se font par les sensations, grâce aux différentes façons dont nous les sentons.

Comme les impressions se produisent dans et par notre corps, nous sommes forcés de conclure, qu'en tant qu'êtres, nous sommes formés d'un milieu sensible, le constituant (le corps).

Ainsi que cela a déjà été établi, cette sensibilité n'est pas partout la même; certaines parties de l'organisme localisent telle espèce de manifestations, de sorte qu'on est obligé d'admettre pour ces organes des constitutions différentes, isolées les unes des autres. Mais malgré cet isolement, l'homme les sent toutes; il faut donc qu'il soit comme individualité logé en ce centre, qui est ce milieu spécial commun à toutes les sensations, c'est-à-dire, que ce moi est déterminé de cette façon par les impressions : il est l'expression de l'individualité du centre.

Si on observe alors les manifestations sous lesquelles chaque sensation est révélée et parfois complétée, on y remarque deux propriétés fondamentales :

1° L'une de sa façon d'être;

2° L'autre de la localisation de cette façon d'être au lieu de production, de contact.

Ces deux propriétés se complètent par les jeux de

l'activité, du discernement, de l'attention, de la volonté
qui, étant des propriétés du centre, le sont de ce moi;
elles peuvent enfin être suivies par des sensations agréables,
provoquant ou des mouvements de satisfaction, de joie, un
épanouissement de dilatation, ou des mouvements d'irritation, de douleur, de contraction.

Or, pour qu'une sensation quelconque soit ainsi sentie
en ce centre, telle qu'elle est au lieu de production, que
sa façon d'être y soit telle qu'elle est, il faut évidemment
admettre que ce centre la sent comme elle lui apparaît à
l'endroit de sa localisation: il n'est pas possible d'admettre
que cette impression n'est pas en ce centre, puisque les
parties organiques spéciales sont isolées, ne peuvent avoir
une communication commune que là et que l'homme les
sent toutes. Il faut donc que ce centre éprouve également
la sensation, et telle qu'elle est, à sa localisation. Elle parcourt donc tout l'organe jusqu'au centre, qui est le terme
final de sa course. Occupant de la sorte toute cette région,
du moment qu'elle est sentie en l'une des parties de la
distance ainsi parcourue, elle devrait l'être en toutes, soit
sur toute cette étendue, et la manifestation devrait s'étendre
de son lieu de départ, dans l'organe jusqu'au centre.

Si on examine la sensation, on reconnaît qu'elle est
sentie en son lieu de production et nulle part ailleurs, ni
sur le parcours de l'organe, ni au centre, où elle est cependant sentie en réalité, puisque c'est là qu'elle entraîne
les mouvements attractifs ou répulsifs, expansifs ou con-
tractils, toutes les manifestations secondaires dont les localisations sont entièrement distinctes de celle de l'impression causative.

Il faut dès lors admettre:

1º Une sensibilité spéciale au lieu de production et
de localisation de la sensation;

2º L'organe de relation de ce lieu au centre, d'une
sensibilité différente de pure conductibilité;

3º Le centre d'une sensibilité différente de celle de

l'organe et plus délicate que celle du lieu de localisation,
puisqu'il est le siège de toutes les sensations, et qu'il
provoque les manifestations complémentaires.

Par le fait de son rôle spécial, l'organe de relation
est purement de transmission; c'est le conducteur d'une
modification déterminée en un endroit où il aboutit et qu'il
amène au centre; il y a donc interruption dans le jeu de
la sensation; elle devrait être sentie, dédoublée alors, soit
sous deux révélations: l'une à sa localisation, l'autre au
centre. Mais il n'y a en réalité qu'une sensation, au lieu
de localisation, qui n'est aucunement dédoublée et par conséquent elle serait seule là et non au centre; elle resterait
ainsi isolée, n'étant plus en contact avec les manifestations
des autres organes, et cela d'autant plus qu'aucun ne pourrait transmettre sa correspondante au delà de sa localisation. La correspondance des sensations, de leurs façons
d'être, les certitudes seraient impossibles : l'une ne pourrait
être rattachée à l'autre, ce qui est contraire à la réalité;
il faut que chacune soit au centre.

On ne peut pas non plus admettre, comme suffisant,
que le centre perçoive par l'organe de relation la modification produite en un lieu de son parcours qui corres-
pondrait à l'endroit de sa localisation pour déterminer la
façon d'être de la sensation; pour la sentir, il faut qu'il la
sente, il faut donc qu'il reçoive la modification causative
ou l'impression elle-même. Il n'est d'ailleurs pas possible
que l'organe de relation puisse transmettre une sensation
à laquelle il ne participe pas en entier, qu'il en subisse
une en un point quelconque de sa constitution, à une extrémité, sans qu'il l'ait ailleurs quand le lieu de localisation peut occuper n'importe quel endroit de l'organe en ce
qui concerne les sensations du toucher et les sensations
douloureuses logées dans l'intérieur du corps; de la sorte,
il devrait y avoir manifestation sur tout le trajet de l'organe. Comme cela n'a pas lieu, comme il est impossible
qu'une sensation ne soit sentie qu'en une extrémité de l'or-

gane et ne le soit pas dans toute son étendue quand elle parcourt tout cet organe pour arriver au centre, il s'ensuit que cette manifestation ne doit être en réalité dans aucune des parties de cet organe, et ainsi elle ne peut être en ce lieu de production où elle nous apparaît, et qui, pour un grand nombre d'entre elles, est le lieu de contact des objets causatifs avec ces organes. Elle est donc au centre qui la localise au lieu de production.

Quelque curieuse que paraisse cette conclusion, les sensations de la vue et de l'ouïe viennent la confirmer. Il est impossible de douter que ces manifestations ne soient pas en nous, et cependant nous les sentons placées en dehors de nous, sous des étendues et à des distances très considérables; il ne peut plus être question ici d'une localisation organique. Les sensations que les amputés localisent en des membres depuis longtemps ablatés fournissent une nouvelle preuve que les sensations localisées dans différentes parties du corps sont nécessairement en ce centre. Les faits viennent donc à l'appui du raisonnement, et il faut concevoir le phénomène de la sensation de la façon suivante :

1° Un centre qui la possède sous forme d'impression manifestée ou révélée par suite de sa nature;

2° Ce centre, localisant la sensation au lieu de production, tel qu'il le fait pour les phénomènes auditifs et visuels;

3° Les organes des purs transmetteurs des modifications qui causent les impressions et leurs localisations.

Le centre se trouve dès lors déterminé.

C'est un milieu sensible qui se manifeste en présence de certaines actions internes ou externes; ses manifestations sont les sensations. L'activité, l'attention, la certitude, le discernement, la mémoire, la volonté s'y révèlent avec les sensations. L'activité s'y complète enfin d'une propriété nouvelle de transport des sensations ou d'acte réflexe direct.

De l'invariabilité de la nature du centre et de la cause de la sensation.

Toute sensation n'a qu'une durée conditionnelle: elle cesse presque immédiatement avec le contact de la cause ou son éloignement. S'il y a conservation de sa façon d'être, ce n'est pas la manifestation même qui est retenue, c'est seulement sa forme, si on peut s'exprimer ainsi; la sensation elle-même ne peut être reproduite sans la cause qui l'a provoquée. Le centre sent, quand elle se représente, qu'il a déjà eu sa pareille, issue de cette même cause; il en a conservé les traces sous cette forme de façon d'être. Cette propriété conservatrice prouve que le centre n'a pas varié, puisqu'elle lui permet de constater l'identité d'une impression qu'il a déjà eue, et par conséquent la modification qui correspond à la sensation, n'a pas changé sa constitution. Si quelque chose change, ce sont les modalités causatives de ces sensations. La sensation ne peut donc être le résultat d'une combinaison de cohésion, telle qu'on la constate quand deux corps s'unissent chimiquement pour former un nouveau composé; ne modifiant en rien la nature du centre, il faut dès lors qu'elle soit le résultat de mouvements sur et dans ce centre, mouvements déterminés par les organes transmetteurs, et dont la cessation entraîne celle de la manifestation. Ces mouvements, le centre les reçoit; ils pénètrent sa nature, et c'est parce qu'il les a, qu'il les sent. Ainsi, la sensation est déterminée par un mouvement en ce centre, et c'est la modification de ces mouvements qui entraîne la variation dans les sensations.

De l'acte réflexe.

Dès que la sensation, ou plutôt les mouvements qui la causent, sont révélés au centre par l'impression produite, il y a immédiatement, presque simultanément, sans intervalle sensible pour nous, tellement l'acte est rapide, transport de la révélation à l'origine de ces mouvements, et c'est là que la sensation est sentie. Cette localisation si remarquable, peut-elle être due à l'impression de la distance et de l'étendue de la cause produite de la sensation?

Il est à remarquer que les sensations occupent presque toujours une étendue plus considérable que le centre; beaucoup d'entre elles, les plus nombreuses, ont des dimensions bien plus grandes même que le. corps : telles sont les manifestations visuelles. Le mouvement qui les détermine subit donc une réduction importante pour. arriver jusqu'au centre; elles devraient dès lors être amoindries dans les mêmes proportions; il ne suffit donc pas qu'elles soient au centre pour être senties suivant la réalité, appelant ici réalité les résultats naturels de ce jeu de localisation. De plus, le fait même de la sensation d'une distance et d'une étendue ne peut entraîner cette localisation, et la preuve, c'est que les amputés placent certaines sensations dans les parties de membre depuis longtemps disparues; il est évident que le chemin et l'étendue du mouvement causatif sont moindres que ceux parcourus pour la localisation. Tout au contraire, les trois impressions de la façon d'être de la distance et de l'étendue des sensations devraient être au centre, du moment qu'elles y sont et que nulle cause naturelle au physique ne les fixe ailleurs.

Cette cause physique existe.

Quoique nous ayons les notions exactes des distances et des surfaces réelles des corps, s'ils sont suffisamment éloignés, les sensations auditives et les visuelles qu'on en a, sont localisées à des distances moindres et avec des étendues ou des dimensions beaucoup plus petites que celles révélées par un rapprochement suffisant; un corps très éloigné est senti plus petit qu'en réalité; le son qu'il produit suit une réduction d'extension analogue. Tout le raisonnement ne sert de rien pour modifier ces effets; la connaissance des éloignements et des surfaces n'y peut influencer. Il y a donc là une action naturelle qui règle ce phénomène. Comme en outre une sensation auditive ou visuelle, déterminée dans ces conditions, est sentie sur une plus longue distance, quand la cause productrice a plus d'intensité, il s'ensuit :

1° Que la localisation de la sensation est due à un véritable acte de transport de celle-ci;

2° Que cet acte de transport est dépendant du mouvement en étendue, en distance et en intensité émanant de la source productrice de la sensation.

La sensation est ainsi déterminée par une source d'où émane le mouvement causatif; ce mouvement est recueilli par l'organe de transmission jusqu'au centre, et l'acte réflexe suit la route inverse : il va par l'organe jusqu'à la source, restant en deçà si elle n'est pas trop éloignée, allant au delà pour certaines localisations internes constitutives (sensations des nerfs).

Du pouvoir concentrateur du centre et de sa puissance réflexe.

La question qui se pose alors naturellement est la suivante :

Comment se fait-il que ce centre sente ainsi cette action, ce mouvement en retour dans toute sa plénitude, qu'il l'a comme portée, comme étendue, avec toutes les variations senties et qu'il localise la sensation sous ces divers états, c'est-à-dire qu'il la transporte au dehors de lui, sans déplacement de sa part, comme une conséquence naturelle de l'impression?

Si on considère les causes des sensations, et notamment celles qui se rapportent aux auditives et surtout aux visuelles, on remarque :

1° Que si on en est suffisamment rapproché, ces sensations se produisent, quelle que soit la position que l'on occupe vis-à-vis du corps;

2° Que si on s'éloigne de ce corps, les sensations diminuent d'intensité; si l'éloignement est assez grand, les parties de ces sensations, soit certaines nuances, s'effacent; s'il augmente, ces nuances disparaissent complètement, la sensation devient uniforme, reste suspendue, localisée entre la cause et le centre jusqu'au moment où la distance de-vient telle, qu'il n'y a plus de perception de possible;

3° Que l'emploi de certains instruments de physique révèle des nuances qui ne se sentaient pas par l'organe directement, qu'elles sont manifestées sur de très grandes distances, et que même ces instruments permettent de sentir des causes ou des objets là où il n'existait rien sans l'aide de ces moyens;

4° Que les sensations olfactives, gustatives, tactiles et thermiques sont localisées à la surface du corps, occupant des étendues variant avec celle des objets appliqués, et s'irradiant autour de cette application suivant l'intensité de cette dernière;

5° Que les sensations douloureuses, produites à la sur-face ou à l'intérieur des tissus, se localisent en n'importe quel endroit ou superficiel ou interne de l'organisme, où elles se produisent et rayonnent également autour de ce foyer comme sensations localisées;

6° Que les sensations produites dans les nerfs sont toujours localisées à leurs extrémités constitutionnelles, même si la cause qui les provoque agit en un point quel-conque de leur trajet, et le sont même si ces nerfs sont sectionnés (sensations des amputés).

Il résulte de ces diverses constatations, révélées par les impressions, que les causes qui déterminent les sensa-tions auditives et visuelles sont déterminatives de mouve-ments dans toutes les directions, ils rayonnent dans tous les sens. Les organes de transmission recueillent ces mouve-ments pour les conduire jusqu'au centre. Mais l'action n'est pas purement conductrice, puisqu'une série de ces mouve-ments échappent, d'autres se perdent par l'éloignement, tous se simplifient par la distance; d'autres ne sont plus du tout par cette distance et cependant ils arrivent jusqu'à nous; les instruments de physique nous le révèlent quand nos organes seuls sont impuissants à le faire. La conductibilité de ces derniers ne change pas par l'application de ces instruments; il y a donc là une cause d'affaiblissement dans cette propriété conductrice, due à la délicatesse des mouvements causatifs, et peut-être à la constitution de l'organe de transmission vis-à-vis de ces mouvements; la conductibilité de l'organe, en un mot, ne paraît pas indifférente, il y a réduction, il joue un rôle spécial, qu'il s'agit de déterminer (tel mouvement n'est pas saisi, parce qu'il est trop faible, il disparaît dans le jeu concentratif, il n'est pas assez renforcé par la concentration).

Du moment que les mouvements causatifs des sensations visuelles, auditives (olfactives même) s'irradient dans tous les sens, il faut comparer ce rayonnement à la description d'une sphère de mouvements dans l'espace, s'étendant également dans toutes les directions, si quelque obstacle matériel ne se présente sur son parcours, sectionnant ainsi cette sphère mathématique, arrêtant ou détournant une partie de ce mouvement d'extension.

Dans ce rayonnement, il y a éparpillement du mouvement qui émane de chaque point de la surface du corps moteur, et, par conséquent, affaiblissement graduel de chaque section de ce mouvement, de telle façon, qu'en se plaçant en n'importe quel endroit sur le parcours de ce rayonnement, le mouvement sectionné, qui est déterminé par cet endroit, peut être représenté par un cône ou tronc de cône qui a la surface de cet endroit pour base, pour sommet ou pour base motrice une partie de la surface du corps moteur dont l'étendue vis-à-vis de celle du moteur est proportionnelle à l'étendue de l'endroit où on se place par rapport à celle de la sphère de rayonnement décrite jusqu'à cet endroit; les faces décrivantes sont formées par le rayonnement tangent à ces bases. L'œil ou l'oreille, dé-

terminant un pareil sectionnement, ne pourrait donc transmettre que le faisceau de mouvement correspondant, et
ainsi une partie infiniment petite de la surface du corps
d'où émane le rayonnement; c'est cette partie seule qui
serait sentie.

Pour que la situation inverse ait lieu, il faut que l'organe agisse en sens contraire de l'éparpillement qu'il ne
peut empêcher; il faut qu'il le rassemble, qu'il le concentre, décrivant dans ce jeu un faisceau en tronc de cône,
dont l'extrémité de l'organe est une des bases, dont l'autre
est la surface du corps d'où émane le mouvement, et dont
les faces décrivantes sont tangentes à ces deux étendues.
Pour qu'un pareil phénomène soit possible, il faut donc
que l'organe ait pouvoir concentrateur, s'exerçant au dehors
sur ces mouvements, qui rayonnent dans tous les sens. Ce
pouvoir concentrateur peut enserrer tous les mouvements;
mais ce ne sont que ceux qui sont sentis qui sont en
réalité concentrés, c'est-à-dire qui sont suffisamment ren-
forcés par la concentration pour être sentis. Certains instruments de physique possèdent cette même propriété; ils
s'exercent sur un champ plus vaste, ajoutent leur force
concentrative à celle des organes et déterminent des impressions ou qui échappaient auparavant, ou qui amplifient
les premières.

L'organe ayant pouvoir concentrateur, pour que les
mouvements arrivent avec les mêmes proportions de réduction au centre, il faut que cette concentration se continue
jusqu'à lui, pour éviter un nouvel éparpillement et pour
que le centre puisse sentir comme il sent.

On constate que la quantité sensible, dont le pouvoir
concentrateur est appliqué, est déterminée: par la sensation, par ses nuances, par sa localisation; ce sont les
sensations qui révèlent le mouvement concentré et renforcé; ce sont les nuances senties qui correspondent aux
variations internes de ce faisceau décrit, c'est la localisation de la sensation et de ses nuances qui prouve de

combien ce pouvoir concentrant est appliqué. C'est l'acte
réflexe qui décrit la limite de ce pouvoir.

L'acte réflexe suit d'ailleurs entièrement la description de ce pouvoir concentrant; il localise les sensations à
la surface des corps, et ainsi son jeu d'application, comme
force, est équivalent à celui de ce pouvoir concentrant qui
agit également comme force; si les corps sont trop éloignés,
il suspend la sensation en route, et si aussi le pouvoir
concentrateur paraît s'exercer sur une plus grande distance,
au delà de cette suspension, comme il semble le faire pour
rassembler les mouvements émanant d'une source lumineuse
très éloignée (étoiles, soleil, etc.), ce rassemblement, cette
concentration, pour être effective, produit une déperdition
dans cette force: par suite du chemin parcouru en longueur, il y a diminution en largeur, et cela jusqu'au point
où celle-ci ne peut plus équilibrer celle-là; c'est la limite
de la sensation, la limite de la localisation, la limite de
la formation du faisceau; ainsi l'acte réflexe règle cette
limite, soit la force elle-même; cette force concentrative est
donc au centre et se confond avec l'acte réflexe.

Par ce fait même, l'acte de transport se conçoit aisément: le centre, agissant au dehors par puissance concentrative, fait un véritable acte de transport de cette force,
se divisant en ses composantes de longueur et de largeur, et cet acte entraîne la localisation de la sensation,
de sorte que l'acte réflexe à son tour n'est qu'une conséquence de l'action concentrative du centre agissant au dehors.

Il y a' lieu de remarquer que dans ce jeu concentratif, en ce qui touche les sensations visuelles et auditives, la description de ces faisceaux, le rassemblement de
cet éparpillement, se faisant par chaque être vivant, sans
qu'il y ait effet sensible de ces descriptions les unes sur
les autres, il semble qu'il ne puisse y avoir' de fait une
pareille description extérieure; mais la description réelle
de ce faisceau se prouve expérimentalement par les lentilles, puisque les rayons solaires peuvent être concentrés,

les images peuvent être reproduites par une quantité infinie
de lentilles, sans que l'action de l'une influe sur celle de
l'autre; il faut attribuer ce fait physique à la rapidité, à
la vitesse des courants correspondants, à la quantité infinie
des particules composant ce courant, qui font que chaque
faisceau ainsi décrit semble être un courant spécial, se
précipitant dans son conducteur, qui est le corps concentrant, pareil en cela à une eau rapide qui s'échappe par
une infinité d'orifices, en tant que ces orifices sont insuffi-
sants pour modifier sensiblement la rapidité du courant.

Le centre a donc pouvoir concentrateur et réflexe.

Ce qui vient confirmer cette conclusion, c'est que le
pouvoir concentrateur de l'œil se règle par les sensations:
la pupille se dilate ou se contracte, suivant que la lumière
est plus ou moins vive; le centre adapte l'œil aux mouvements visuels qu'il veut saisir, en se guidant sur eux; il
faut donc qu'il ait action sur le pouvoir concentrateur de
l'organe, il faut qu'il le possède, l'exerçant par l'organe au
moyen de celui-ci, conformé dans ce but. Les instruments
qui servent à étendre le champ d'action de l'œil, révèlent
simplement la description du nouveau faisceau dû à ces
instruments, renforcé par eux et saisi dès lors par le pouvoir concentrateur de l'organe et du centre.

Les sensations localisées à la surface des tissus ou à
l'intérieur du corps, pouvant rayonner autour de la cause
productrice, suivant l'intensité de celle-ci, il s'ensuit que
l'éparpillement du mouvement s'y produit de même, et il
faut que les organes, recevant ce mouvement, le concentrent
également jusqu'au centre, pour l'y amener en entier, pour
qu'il soit senti tel. Ce mouvement concentrateur a son origine au centre; il provoque le jeu réflexe comme pour
l'œil; mieux encore, c'est ce jeu réflexe qui montre que ce
pouvoir concentrateur est complètement au centre par les
localisations des sensations des amputés; par celles des
sensations déterminées sur le trajet des nerfs, transportées
à leurs extrémités.

D'après les localisations internes, d'après le jeu réflexe, ces sensations devraient être senties à l'endroit où elles se produisent, puisque c'est là l'origine de ces mouvements, et que le pouvoir concentrateur de l'organe se limite naturellement à cette origine, comme il se limite pour l'œil à la surface des corps vus. Mais l'action ici est constitutionnelle; le pouvoir concentrateur du centre s'étend naturellement d'une façon continue jusqu'à l'extrémité de l'organe: sa puissance d'extension, en parcours et en étendue (sa force en un mot), est égale à celle de l'organe même, au point de vue de ses dimensions constitutionnelles organiques; les modifications, apportées à un mouvement dans cet organe, ne peuvent pas modifier cette force constitutionnelle qui agit d'une façon constante et les transformations d'un mouvement ne peuvent altérer en rien ce jeu de portée constitutionnelle; toute modification ressentira cet effet de portée, et l'acte réflexe, ayant son origine au centre, suit forcément cette impulsion; de là cette localisation ou l'excentricité de ces sensations. (On pourrait conclure de ce fait que les nerfs en question président à la formation organique constitutionnelle.)

Le jeu concentratif et réflexe du centre se fait donc de la manière suivante:

Le centre agit au dehors par puissance concentrative; il enserre les mouvements qui ont tendance à s'éparpiller et décrit ainsi le faisceau virtuel sensible; dans ce faisceau, la force concentrative appliquée dépend de son parcours en largeur et en longueur; elle est partout la même; la force de portée est équilibrée par celle de concentration, en ce sens que le faisceau se rapprochart du centre, la force de parcours, diminuant la force concentrative, augmente d'autant: c'est ainsi que l'une règle l'autre; elle arrive donc au centre dans le même état d'équilibre que celui qu'elle a à son origine, et c'est de la sorte que le corps est senti tel qu'il est à sa source de production ou de localisation. Par le fait de l'action concentrative, le centre agit au dehors d'une quantité égale à ce faisceau concentré qu'il décrit, et cette action au dehors entraîne forcément l'acte de transport de la sensation, à sa limite ou à son lieu de production, c'est là l'acte réflexe. Cette limite est déterminée par le faisceau lui-même pour les corps très éloignés: la concentration décrit un faisceau très allongé; par le fait d'un renforcement de ces mouvements par cette force, il y a déperdition de celle-ci, proportionnellement à cette application, et la limite où cette déperdition s'équilibre, est celle qui détermine la limite des composantes en longueur et en largeur du faisceau; l'acte réflexe se réglant d'après celles-ci, la localisation se produit en ce lieu extrême; et ce qui prouve ce jeu, c'est que, plus une source lumineuse est vive, plus cette limite peut être agrandie en surface, la concentration amenant une déperdition moindre, pour renforcer le mouvement lumineux de façon qu'il puisse être senti.

L'action concentrative et réflexe du centre est donc le résultat de l'application d'une force agissant au dehors, et ce sont les variations que subit cette force qui causent les localisations diverses, en même temps que ce sont les mouvements concentrés qui provoquent les sensations et leurs nuances variant à l'infini.

Le centre a donc non seulement sensibilité; il a force, il a mouvement, parce que cette force est agissante au dehors par pouvoir concentrateur et réflexe.

C'est grâce à ce jeu réflexe que le centre fait corps avec lui-même et le monde qui l'environne; les sensations externes étant absolument senties dans les mêmes conditions que les internes. C'est grâce à cette propriété qu'il conserve sa liberté au milieu des impressions qui l'assaillent et dont il est en quelque sorte comme détaché en tant qu'elles ne sont puissantes assez soit pour l'accabler par la douleur, soit pour l'enivrer sous la jouissance. Là encore, tout en étant subjugué par elles, il reste observateur, mais observateur entraîné, si sa volonté n'est pas énergique pour

réagir contre les compléments excitateurs de ces états ab-
sorbants et alors même il suit toutes les phases de ces
excitations, parce que tous leurs effets sont localisés au
dehors de lui.

De la nature des mouvements causatifs des sensations.

Les sensations sont déterminées par des causes placées
soit à distance, soit à la surface du corps, soit dans l'intérieur des tissus; celles-ci sont toutes excentriques au
centre, parce qu'il en localise les effets aux lieux d'origine ou de production.

Ces effets sont les résultats de mouvements indépen-
dants du centre pour tous ceux qui n'émanent pas de lui
directement, c'est-à-dire pour tous ceux qui ont leur origine immédiate dans l'organisme et au dehors de lui. Le
centre ne peut pas modifier ces mouvements; il les reçoit
tels qu'il les sent; il les subit sans pouvoir rien changer
à la façon dont il les sent. Ce sont donc les objets extérieurs pour les impressions externes, et certains états internes pour les manifestations organiques qui sont causatifs de ces mouvements transmis par les organes au centre,
ou communiqués aux organes jusqu'au centre.

Suivant la nature des milieux qui nous environnent,
suivant la constitution des organes de transmission, ces
mouvements peuvent être ou ceux d'un corps solide, ou
ceux d'un fluide. Ils peuvent être provoqués ou par des
ébranlements communiqués à chaque organe conducteur,
et transmis de la sorte au centre, ou bien par des impulsions variables données à un fluide, ébranlant ces organes;
ces impulsions peuvent aussi être communiquées à un fluide
pouvant exister dans les organes, comme cela semble être
le cas pour les sensations internes, soit pouvant y être
introduit par le fluide impulsif même pénétrant dans ces

organes, comme on est porté à l'admettre pour les manifestations auditives et visuelles, et continuant leur chemin jusqu'au centre.

Or, les mouvements amenés par la concentration au centre, pour être sentis avec toutes leurs nuances et pour être sentis localisés à leur origine, ont besoin d'être dans les mêmes conditions d'équilibre sur tout leur parcours, c'est-à-dire qu'ils ne soient pas modifiés, toute variation déterminant un changement de transformation.

En examinant un organe de transmission quelconque, on constate qu'une sensation peut être réduite à un infiniment petit:

Une piqûre d'épingle, un point visuel presqu'imperceptible;

Que deux ou plusieurs piqûres, deux ou plusieurs points se touchant ne forment qu'une seule sensation;

Qu'on peut ainsi rendre adjacents une infinité de piqûres, une infinité de points qui se résolvent tous en une seule sensation pouvant occuper tout le champ d'action de l'organe.

Ce qu'on peut faire avec une même cause de mouvement, peut se déterminer avec toutes les variations d'une même espèce de sensation ou de mouvements sentis; il en résulte qu'il n'y a aucun intervalle entre les diverses parties de mouvements transmis par un même organe; il faut donc que les fibres de transmission soient mathématiquement adjacentes entre elles, et pour le moins au centre.

De plus, deux piqûres peuvent n'être pas complètement adjacentes et n'être senties que sous une seule sensation et ainsi le mouvement qui correspond à l'une s'étend à l'autre, il y a rayonnement. Une sensation un peu vive s'irradie d'ailleurs autour de la surface d'excitation : sensations thermiques, sensations douloureuses, etc. La sensation s'étend en s'affaiblissant, mais le noyau du mouvement se maintient tel quel. Il en résulte que des mouvements partiels en un point de l'organe se communiquent à d'autres points ou fibres de cet organe.

En admettant un mouvement vibratoire d'une fibre, correspondant à un point d'excitation, ce mouvement décrit un arc qui s'étend sur le parcours de l'organe. De fait, pour pouvoir faire vibrer cette espèce de corde par impulsion ou par spasme, il faut qu'elle soit élastique; il faut des points d'opposition à l'impulsion par où la résistance se produit et qui ramène petit à petit l'organe au repos; c'est sur ces points que se fait la traction déterminative de spasme ou de vibration; c'est grâce à leur résistance que le mouvement cesse après que la cause a cessé d'agir. De la sorte, le mouvement n'a pas partout la même intensité, ni le même développement; c'est aux points de traction que l'intensité est la plus considérable; au fur et à mesure qu'on s'en éloigne, il y a augmentation d'ampleur et diminution de force de battement; il y a donc là description d'un arc vibratoire, dont un point quelconque, tout en faisant le même nombre de mouvements ou de vibrations que son adjacent, a plus ou moins de force d'impulsion que lui, parce qu'il parcourt plus ou moins de chemin.

Deux ou plusieurs arcs vibratoires de même nature en contact se heurteront; il y aura variation et mouvement autre.

Deux ou plusieurs arcs vibratoires de nature différente en contact se heurteront, il y aura une nouvelle variation et une résultante autre que la première.

L'étude des vibrations des cordes le prouve.

Or, l'organe étant supposé composé d'une infinité de fibres en vibration, il s'ensuit que deux mêmes vibrations de contact devront produire un mouvement ou une sensation autre qu'une seule vibration; que le mouvement ou la sensation variera encore avec le changement des mouvements ou des nuances, ce qui est contraire à la réalité. De plus, les fibres devront être mathématiquement adjacentes; toute description des arcs vibratoires est impossible

par l'opposition de ces adjacentes, tout le faisceau vibrera,
de sorte qu'un même organe ne pourra produire qu'une
seule espèce de sensation à la fois, ce qui est également
contraire à la réalité; la succession ininterrompue de mouvements de l'organe, l'un faisant suite à l'autre, ne peut
amener la stabilité de la sensation, l'un des mouvements
supprimant l'autre complètement: qu'on fasse vibrer une
corde autrement qu'une première fois, la sensation sera
autre.

Il faut donc admettre que les sensations sont dues à
des transformations de mouvements fluidiques.

Il y a là concentration par le centre et l'organe, description d'un faisceau de ces mouvements où chaque nuance
forme un faisceau isolé, tel qu'on le voit par l'application
des lentilles aux mouvements lumineux; la concentration
s'opère mathématiquement, la déperdition en étendue étant
équilibrée par l'augmentation de la force de concentration,
c'est ainsi que le mouvement est au centre, y est senti et
reçoit sa localisation d'origine.

Quoiqu'il puisse sembler à première vue que les mouvements de contact doivent également ici se modifier avec les
impulsions, que deux ou plusieurs nuances de même nature doivent être senties autrement, quand il s'y mêle une
ou plusieurs en différant, il y a lieu de remarquer que le
rapport des mouvements entre eux, leur jeu d'équilibre est
fixé par la cause motrice, par l'impulsion qu'ils en reçoivent,
de sorte que l'influence des mouvements les uns sur les
autres est réglée dès l'origine; ils se développent suivant
cette impulsion, et le centre, en les rassemblant, ne modifie en rien ces rapports de contact; c'est de la sorte
qu'il les sent.

Les organes dès lors sont de simples conducteurs con-
centrateurs de ces mouvements qui déterminent les sensations et leurs variations.

La conductibilité n'est pas autre chose qu'une trans-
parence moléculaire, correspondant à la composition de ces

mouvements. C'est de la sorte que tel organe aide à recevoir telle espèce de mouvements et forme un obstacle à tel autre.

Des façons d'être des mouvements fluidiques.

Les mouvements fluidiques revêtent les formes impulsives d'origine suivantes:

Un mouvement dit vibratoire,

Un mouvement dit de courant.

Le mouvement vibratoire suppose un mouvement d'aller et de retour, pareil à la cause solide élastique, qui semble le déterminer; il peut se dépeindre sous la forme d'une sphère de rayonnement allant jusqu'à une certaine distance déterminée par la force vibratoire, limitée là, et puis décrivant ce mouvement d'aller et retour, aussi longtemps que la cause est agissante. Il peut se présenter alors deux cas: ou il y a description d'un seul mouvement en avant, suivi d'un seul mouvement en arrière correspondant à chaque vibration, ou bien chaque ondulation provoque à son tour une ondulation nouvelle, comme si elle devenait un arc vibratoire à son tour, et cela jusqu'à une limite où l'impulsion est trop faible pour provoquer un déplacement fluidique quelconque.

Un fluide étant plus mobile qu'un solide, il en résulte que le mouvement d'impulsion qu'il reçoit détermine un déplacement plus considérable que celui que subit la cause motrice, et ce déplacement sera d'autant plus grand que le fluide a plus de mobilité.

Si on suppose à ce fluide une valeur spécifique telle qu'elle ne puisse faire un obstacle sensible par son inertie à son propre déplacement, s'il ne rencontrait en outre aucun obstacle d'un autre milieu à ce mouvement, l'impulsion vibratoire étant avant tout une force projetant en avant, et ramenée sur elle-même par la résistance de la cause, ce fluide serait lancé en avant jusqu'à une distance où il s'arrêterait de lui-même, le mouvement de va-et-vient ne pourra pas le ramener, n'ayant pas de lien avec lui. Dès lors un fluide, sous l'influence d'une pareille force motrice, ne suit pas en réalité le mouvement de recul de celle-ci, s'il revient sur lui-même, cela ne peut être qu'en vertu de la résistance opposée à l'impulsion qui le projette au loin, soit par le fluide inerte mû, soit par un obstacle fluidique ou autre, et enfin en vertu du vide qui se fait lors de la vibration en retour. Mais du moment que ce fluide ainsi projeté peut créer à son tour une nouvelle onde, il n'a pas perdu sa force d'impulsion, bien au contraire, puisqu'il faut une intensité plus grande pour soulever un fluide inerte, que de le voir continuer son chemin au travers de ce milieu, et ainsi il continuera sa route en faveur de l'impulsion acquise, pouvant entraîner dans son mouvement les parties fluidiques si elles sont aptes à la prendre à leur tour. Il n'y a donc pas de nouvelles ondes de décrites, il y a en réalité un fluide projeté au loin, remplacé par un nouveau fluide qui est en contact avec la source motrice, et qui en reçoit son impulsion à son tour, et c'est ainsi que la continuité du mouvement a lieu. C'est l'intensité du mouvement vibratoire ou moteur qui détermine la force de projection ou la force impressive du mouvement fluidique; c'est suivant l'éloignement que cette force est plus ou moins intense.

Si un corps conducteur d'un pareil fluide mû se trouve sur son passage, ce fluide s'y précipite sous forme de courant, il s'y précipite pareil à une eau endiguée qui trouve à se frayer un chemin au travers de ses digues. Si, à la place de conducteur, tout le milieu dans lequel a lieu l'impulsion est bon conducteur (l'air conducteur de lumière), il y aura production d'une sphère de rayonnement dans toutes les directions, c'est-à-dire un courant sous une conception d'étendue plus vaste que le premier.

On est donc invariablement ramené à cette même conclusion, à savoir que le mouvement fluidique, correspondant aux sensations, est un courant projeté au loin avec des impulsions variant d'après la cause motrice sans autres limites que sa force d'impulsion et l'espace.

L'impulsion qui émane de cette force agit sur le fluide avec toutes les variations de cette force, parce que le fluide se lie à toutes ces modifications, se moule sur la surface motile, reproduit sa forme, ainsi la forme de l'impulsion de chaque point de contact. C'est de la sorte que la projection se développe, qu'elle est concentrée jusqu'au centre, qu'elle y reproduira la forme de ces mouvements d'origine par pression d'intensités diverses (sensations tactiles, sensations visuelles), ou simplement les mouvements sans forme définie quand la cause propulsive n'en détermine pas (sensations gustatives, sensations internes, etc.).

Si on recherche de quelle nature peuvent être les mouvements d'un fluide mû, on constate que ce fluide a projection ou vitesse; en outre, les particules de ce fluide mû peuvent avoir mouvements de rotation par suite de leur contact, déterminant un frottement; ces rotations peuvent avoir lieu sous certains angles, sous certains rapports d'intensité, ces particules peuvent être groupées diversement, à l'origine, les unes vis-à-vis des autres, et ce sont les variations à ces divers états qui doivent répondre à la multiplicité des sensations.

De la constitution du centre.

Les démonstrations précédentes ont permis d'établir que le centre est de toute nécessité; qu'il est l'organe sensible se révélant à lui-même par les diverses sensations qu'il manifeste, sous l'empire de courants fluidiques qui lui sont transmis par les organes conducteurs; ces diverses sensations restent isolées grâce au jeu réflexe.

C'est dès lors un milieu spécial qui a en outre ce phénomène de particulier, que ce qu'il sent est entièrement en lui; qu'il peut être impressionné de plusieurs façons à la fois, s'absorbant plutôt dans l'une des manifestations, mais sentant également toutes les autres. La simultanéité de ces sensations prouve que le centre a une certaine étendue; les mouvements causatifs ne pouvant aboutir tous au même point mathématique, sans quoi il y aurait confusion dans les impressions et le jeu concentratif et réflexe ne pourrait se développer dans cet enchevêtrement. Tous les organes conducteurs des mouvements, correspondant aux sensations, empruntent d'ailleurs des voies différentes pour aboutir au centre; la constitution fait donc déjà supposer cette diversité au centre des lieux de contact des mouvements transmis.

Le centre ayant ainsi plusieurs manifestations à la fois, de façon que chacune est entièrement en lui, il s'ensuit que les lieux de contact du centre où aboutissent les mouvements qui les produisent sont en relation constante entre eux, et chaque mouvement révélé par l'impression correspondante est dans toutes ses parties, dans toute son entité en un mot. Cette communication n'est possible qu'autant que le centre est un, qu'il n'est pas composé de divers milieux, car le mouvement serait obligé de se diviser sur ces divers milieux, pour être en tous; de là naîtrait la division des sensations, ou autant de manifestations pour une seule qu'il y aurait de milieux.

Tout milieu, composé quel qu'il soit, peut d'ailleurs se réduire à cette conception générale: d'un ensemble de particules simples, indivisibles, unies entre elles par une force quelconque qui les empêche de se désagréger et de s'isoler sous la forme d'entité simple, indivisible. C'est de la sorte que naît le groupe; celui-ci peut avoir certaines propriétés physiques provenant de cet assemblage; mais si les particules qui le composent sont inertes de leur nature, le groupe ne peut pas modifier leurs propriétés individuelles; elles resteront inertes, elles pourront subir des actions spéciales, mais leur passivité ne changera pas; en un mot, si les particules ne sont pas sensibles, le groupe ne pourra avoir de sensibilité, par cela seul qu'il est groupe. Et ainsi il faut que les particules qui seraient supposées former le groupe du centre aient les propriétés du centre, c'est-à-dire que chacune ait toutes les propriétés pour être un centre et pourrait l'être par conséquent.

Si chaque particule est dans ce cas, le groupe qu'elles peuvent former entre elles peut révéler deux modalités spéciales :

Soit un groupe sans contact de particule à particule, présentant un intervalle entre chacune d'elles : la porosité ;

Soit un groupe offrant le contact de particule à particule.

Les particules, n'étant pas de contact, sont isolées, elles ont cette situation respective d'être chacune un centre, de sorte que pour que le groupe entier ait à la fois les mêmes sensations, il faut que les particules composantes reçoivent à la fois les mêmes mouvements causatifs ; or, quelle que soit la position qu'on veuille donner aux particules les unes vis-à-vis des autres, cette communication ne peut se faire que par un croisement général de tous les mouvements qui produirait la confusion, l'impossibilité de la netteté dans les sensations et dans le jeu réflexe.

Si les particules sont de contact, c'est alors l'une recevant tel mouvement qui le transmettra à l'autre ; le pouvoir concentratif et réflexe de cette autre ne s'exercera qu'en ce contact, les sensations y seraient localisées, et cela d'autant plus, que chaque particule étant une, indivisible, est impénétrable, le pouvoir concentratif et réflexe ne peut s'exercer au travers. Il y aurait multiplicité de sensations au centre par les points de contact.

Ainsi, de quelque façon qu'on examine ce centre, on est invariablement ramené à cette même conclusion qu'il est un, qu'il est indivisible.

Ce résultat se trouve être confirmé par tous les faits sensibles :

Quelque différentes que les sensations soient entre

elles, quelque variables qu'en soient les nuances, aucune
n'est divisible ni multipliable comme sensation; elle est
une, parce qu'elle est sentie telle, et quoiqu'une cause externe, un organe malade puisse dédoubler et multiplier les
sensations localisées au dehors, chacune prise en elle reste
indivisible et isolée; on n'a pas une moitié, ni un quart
de cette sensation, on n'a pas un double ni un triple d'une
sensation. Les propriétés du centre: l'activité, la volonté,
la certitude, ne se divisent, ni ne se dédoublent quand
elles entrent en jeu; il n'y a ni deux activités, ni une
demi-activité, il n'y a que des applications diverses, en
quantité d'une seule et même propriété. Enfin, l'unité dans
l'objet, tiré de la pluralité des sensations qu'il provoque,
fournit une nouvelle preuve de cette unité du centre. Ce
lien de groupage est entièrement en nous; nous formons
l'unité, en attachant à la sensation de la vue toutes les
autres complémentaires résultant de la cause qui a déterminé la première, c'est là l'origine de nos connaissances,
parce que ce sont des abstractions complètes formées en
nous, malgré qu'elles semblent des possessions réelles grâce
au jeu réflexe de localisation.

Il est à remarquer que, ce centre étant un, il est impénétrable; comme toute manifestation est le résultat d'un
mouvement sur lui, ce mouvement ne peut aller au delà,
il reste à sa surface, il est isolé par l'acte réflexe, et ainsi
le centre peut être assiégé d'une série de mouvements
causatifs d'impressions, sans que l'un influe sur l'autre;
chacun de ces mouvements restant à sa surface et s'isolant
naturellement.

Cette isolation cependant ne semble pas si complète,
puisqu'on détermine qu'une sensation peut donner lieu à
des excitations complémentaires : une impression douloureuse fait crisper, une agréable épanouit, une sensation odo-
rante peut être répulsive, la vue d'une personne produit
des sensations agréables, une belle musique plaît et charme.
Le mouvement causatif devient dès lors impulsif, et il est

évident que cette impulsion se produit ailleurs qu'au point de contact de ce mouvement au centre, c'est-à-dire qu'il y a transmission de ce mouvement en un autre point de celui-ci par son entremise. Le centre étant un, cette correspondance ne peut s'établir par une modification interne, puisqu'il est indivisible; il faut qu'elle ait lieu par action de surface sur des courants aptes à recevoir cette impulsion.

On constate que chaque mouvement sur le centre a une forme déterminée; c'est cette forme ou cette façon d'être qui est causative de l'impulsion; cette forme est comparable à celle donnée à l'impulsion lumineuse par la cause d'origine et qui est correspondante aux sensations visuelles.

L'expérience prouve que tel courant est apte à recevoir telle impulsion et pas telle autre; qu'il fait opposition à l'impulsion, qu'il n'est pas apte à recevoir, de sorte que celle-ci y est paralysée; ce courant forme comme une digue au courant projeté.

L'air est mauvais conducteur d'électricité; bon conducteur de lumière et de son; si on présente un bon conducteur à un courant qui ne peut ainsi se développer, il s'y précipite et l'impulsion s'y révèle sous ses divers effets.

Cette conductibilité n'est pas autre chose qu'une porosité qui permet au courant de s'y développer. Tout milieu qui a une conductibilité quelconque, a une porosité déterminée; tout courant qui reçoit une impulsion, a une forme impulsive spéciale ou un groupage particulaire correspondant à celle-ci. C'est le rapport entre ce groupage et la porosité qui forme la conductibilité du courant; c'est donc le rapport de groupage des particules, composant ces deux milieux, qui entraîne cette dernière propriété; il y a là comme un emboîtement de l'un dans l'autre de ces milieux. De même aussi c'est le groupage particulaire du milieu fluide vis-à-vis d'une impulsion causative de groupage qui lui permettra ou de la recevoir ou d'y faire opposition.

On constate que chaque organe transmet un courant
spécial et fait obstacle aux autres; que les impulsions du
centre, complétant les effets de ces courants, ont également
des localisations spéciales ou des conducteurs différents, et
par conséquent, il se trouve au centre des courants aptes à
recevoir telle impulsion, et à faire obstacle à telle autre.
Dès lors le centre est enfermé pour ses impulsions comme
dans un étau; chaque courant, qui y arrive, s'oppose à
celle qu'il n'est pas apte à recevoir, et ce n'est que celui
qui a cette propriété réceptive correspondante qui révèle
ces actes complémentaires.

La forme ou le groupage particulaire du courant, s'imprime en quelque sorte sur la surface du centre. La pression qui en résulte et cette forme y agissent dans tous
les sens, mais ne peuvent se développer qu'au point où
elles rencontrent un courant apte à les transmettre; c'est
là qu'elles entraînent ces effets complémentaires que les
physiologues désignent sous le nom d'acte réflexe.

Agissant ainsi dans tous les sens, cette pression, tout
en ne pouvant modifier en rien la nature du centre, provoque évidemment une résistance, un obstacle au développement des autres impressions. De fait, il y a absorption alors; les autres correspondances complémentaires sont
amoindries ou annulées; les sensations, tout en étant de
même nature, perdent de leur intensité impressive, et c'est
parce qu'elles sont localisées au dehors, qu'elles restent
senties isolément; enfin, il faut une force d'opposition, de
résistance, de volonté pour empêcher cette action complé-
mentaire, pour se soustraire à l'une et laisser se développer l'autre, et cette force ne peut même pas s'exercer
quand la cause agissante qui détermine ces correspondances
est trop intense et oblige à ces jeux: c'est le cas pour les
grandes douleurs morales, pour les dispositions maladives,
pour les violentes souffrances physiques.

Rien ne s'offre dès lors à nous pour pouvoir trouver
une image, afin de peindre ce centre en réalité; rien au

dehors de nous ne peut nous en donner une idée: tout ce que nous saisissons est composé, et quand nous sommes parvenus à en tirer les éléments que nous croyons simples, parce qu'il n'est plus possible de les réduire, nous ne pouvons les connaître que par les sensations que nous en avons ou que nous n'en avons pas; un obstacle insurmontable empêche qu'on puisse les pénétrer.

Il ne reste donc plus, pour déterminer le centre, que les différentes manifestations sous lesquelles il est révélé.

C'est un milieu simple, indivisible, sensible, et toutes les révélations dépendent de ces trois propriétés.

Des conséquences de l'unité et de l'indivisibilité du centre.

De ce que le centre est un, qu'il est indivisible, il est indestructible: la destruction suppose la division, la transformation, elle n'est pas l'anéantissement; car un milieu que rien ne peut pénétrer, que rien ne peut diviser, ne peut être réduit, et ainsi il subsiste éternellement. Le centre a donc éternité. Ce qu'il y a de remarquable, ce qui vient confirmer cette propriété, c'est qu'il peut en revêtir toutes les sensations sous des formes conditionnelles, pareilles à la suivante: qu'il est éternellement vrai qu'il a, ou qu'il a eu telle sensation. Il est bien évident que cette manifestation est ainsi en lui, par cela même qu'il la détermine: l'essence même de la sensation étant d'être passagère, c'est-à-dire qu'elle ne peut provoquer elle-même cette révélation d'éternité. On peut objecter que celle-ci n'est que relative, que conditionnelle, qu'elle n'est pas effective; mais cet état est une manifestation qui a la même valeur qu'une sensation; elle est une impression spéciale au centre et provenant de lui, avant tout. Mieux que cela, il ne devrait pas l'avoir, si elle devait dépendre des sensations externes ou internes, puisque les impressions sont fugitives, que tout ce que l'homme saisit au dehors de lui et dans son organisme, est destructible, anéantissable vis-à-vis de lui, en ce sens que les transformations que subissent les milieux, échappent à toutes ses recherches, et, par cela, qu'il n'en ressent plus rien, il conclut à leur annulation complète.

L'éternité est la base des certitudes; donc, au point de vue de son développement intellectuel, une nécessité absolue; elle est son but; il a le sentiment intime d'une vie qui ne peut cesser. Là où le centre s'égare, c'est quand il veut que cette vitalité soit celle dont il est en possession, celle-ci dépendant des milieux dans lesquels il peut ou doit évoluer.

De ce que le centre est un, indivisible, indestructible, éternel, il a toujours été; parce qu'éternel aujourd'hui, par suite de ses propriétés, il l'est d'hier également pour le même motif; il peut s'échapper d'un milieu qui le retient ou qui paralyse ses facultés, mais il faut qu'il soit pour pouvoir être, il ne peut être formé de rien, et ce quelque chose dont il est formé, ne peut être que lui-même, puisqu'il est un, indivisible dans cette formation.

S'il ne se révèle pas à nous dans ses évolutions diverses, en dehors de celle de la forme humaine, c'est qu'il peut être en quelque sorte comme paralysé dans son développement, dès qu'il n'a plus à sa disposition un organisme assez complet, assez perfectionné, pour aider à manifester ses propriétés. On voit déjà un phénomène partiel, analogue, chez l'homme pendant la vie: le tempérament, le caractère, l'intelligence dépendent des pays, des climats, de la nourriture, de l'âge; les propriétés du centre peuvent être activées ou amoindries par les maladies, suspendues durant le sommeil, pendant les syncopes, supprimées passagèrement par des paralysies. De même notre organisme est trop incomplet pour pouvoir nous révéler certaines évolutions qui ne tombent pas sous nos sens: on constate cette imperfection dans les sensations auditives et visuelles au moyen d'instruments de physique qui augmentent le détail de ces impressions et en montrent là où l'on ne sentait rien auparavant.

De l'étendue du centre.

Du moment que le centre est un, qu'il est entier, sous quelque état qu'il se rencontre, à l'état de germe, lors de la gestation, durant la vie, il n'est sujet ni à diminution, ni à augmentation; il s'ensuit qu'il doit être infiniment petit.

Cette question de volume est d'ailleurs sans importance, et quoiqu'il paraisse impossible à première vue de concevoir comment un élément si réduit peut déterminer des effets si étonnants et posséder des propriétés si remarquables, il n'y a rien d'anormal dans cette situation; elle est dans l'ordre logique des sensations:

La vue permet à l'homme d'embrasser tout l'horizon, c'est-à-dire de s'étendre sur des espaces très vastes, comparés aux dimensions du corps humain; le centre qui a toutes ses sensations, qui saisit toutes ces étendues, par le fait qu'il est centre, se trouve déjà réduit à des proportions beaucoup plus exiguës que l'organisme qui l'enferme. Il suffit d'ailleurs à son volume d'être tel que toutes les sensations puissent s'y manifester, et les réflexes en émaner; car, quand on voit les réductions que subissent les faisceaux visuels jusqu'au centre, on comprend combien la surface de contact peut être exiguë pour répondre à ces deux conditions de réception et d'impulsion.

De l'activité du centre, de son état de mouvement.

Le centre possède l'activité; cette faculté lui est propre; il est apte à déterminer des impulsions à la suite des mouvements causatifs des sensations, mouvements qu'il reçoit, qu'il subit et dont il a conservé les façons d'être ou les formes. Les impulsions sont de deux sortes: elles sont directes, amenées immédiatement par les sensations (douleurs suivies de crispation, compléments des jouissances, etc.), ce qui fait conclure à une activité toute de réception, plutôt passive, à un réflexe physiologique, déterminé par les mouvements premiers des sensations; elles sont indirectes, provenant de façons d'être conservées, parmi lesquelles le centre fait son choix ou pour les dérouler (idées, parole, travail de la main, direction dans la locomotion), ou pour opposer des résistances aux impulsions directes (empêchement aux contractions douloureuses, aux suggestions des penchants, des passions).

Cette résistance d'un côté, ce choix de l'autre, ne peuvent se faire: 1° que si le centre peut s'opposer à l'impulsion première, par un mouvement ou une excitation autre, contraire; 2° s'il a la faculté de produire l'une ou l'autre excitation dans ce but, c'est-à-dire que s'il a une activité propre qu'il peut manier, dont il peut se servir librement. Il est vrai d'ajouter que cette activité dans ce développement ne se sert que des formes qu'il a reçues et qu'il a conservées, de sorte qu'il a toujours pour base une passivité de réception et de conservation, et non une activité essentiellement créatrice; mais il ne faut pas oublier que tout milieu, quel qu'il soit, reste toujours soumis aux contacts étrangers, aux mouvements qui peuvent agir sur lui, de là cette passivité nécessaire; que de plus le centre, étant placé dans l'organisme, ne peut donner à celui-ci d'autres impulsions que celles dont l'organisme est capable, et qui lui sont révélées avant tout par cette passivité réceptrice, par les sensations: le centre leur applique alors ses propriétés, les développe suivant elles, les dirige vers le perfectionnement, grâce à cette activité qu'il possède, qui lui permet d'agir sur les courants et de les modifier à la longue.

Cette activité ne peut se révéler que par des impulsions à la surface du centre, parce qu'il est un, indivisible: tout mouvement qu'il provoque ne peut se produire en lui comme mouvement, puisqu'il ne peut être modifié intérieurement.

Cette unité, cette indivisibilité du centre devient dès lors un obstacle à ces mouvements impulsifs; le centre ne peut agir sur lui-même et la variation qu'il produit à sa surface ne peut être qu'une modification de forme ou de mouvement externe; si cette forme, si ce mouvement ne rencontrent aucun milieu de transmission, ils restent sans effet, sans révélation: la nature du centre ne changeant pas, et l'impulsion ne produisant rien en lui et en dehors de lui. Ce mouvement ne devient effectif que si un milieu en est modifié, en lui révélant cette modification impulsive au centre, par les sensations localisées qui en sont les résultats; c'est là le but de l'organisme.

L'organisme existant, ces impulsions seraient quand même pénibles pour le centre, s'il n'avait son point d'appui qu'en lui-même.

On remarque d'une façon générale, qu'un corps en mouvement reçoit et modifie plus facilement des impulsions que s'il est inerte; l'organisme agit sur le centre par le mouvement vital, par les besoins, par les dispositions; ce sont autant de moyens excitateurs, moteurs, qui facilitent les impulsions du centre. On constate spécialement ce phénomène par la lumière du jour et le calme de la nuit. Dès que tout bruit cesse, si on est plongé dans l'obscurité et livré au repos, s'il n'y a pas disposition nerveuse, maladive, stomacale, il y a suspension de l'activité: le sommeil vient et avec lui la cessation du travail du centre. Un bruit, le soleil naissant troublent ce calme; ces excitations donnent impulsion au centre et son activité se fait ainsi jour, en dissipant peu à peu l'engourdissement qui la paralysait par le manque d'excitation motrice; souvent cette activité se produit durant une somnolence léthargique (rêve, cauchemar, etc.): dans ce cas toutes les excitations vitales n'ont pas encore l'intensité nécessaire pour que le centre puisse rentrer en pleine possession de cette activité, soit de sa facilité impulsive.

Ces causes excitatrices agissent par mouvements à la

surface du centre, et comme elles agissent à la fois, elles doivent produire en lui un léger ébranlement par pression; d'un autre côté, le centre, donnant une impulsion quelconque, s'appuyant sur lui-même dans cet effort, doit amener un mouvement auquel il participe en entier, puisqu'il est un; ce qui le prouve, c'est que dès qu'il suit une pareille excitation, il ne peut se rejeter sur une seconde à la fois, au contraire de ce qui a lieu pour les sensations qui peuvent être senties plusieurs en même temps. Par le fait de ces impulsions il entre donc en mouvement.

Ce mouvement que prend le centre peut alors revêtir deux formes:

Il peut être rotatoire,

Il peut être de va-et-vient ou de battement.

Le mouvement rotatoire ne peut provoquer à la fois qu'une seule espèce de mouvement; il semble en outre devoir entraîner l'instabilité de la sensation par le déplacement continuel des points de contact du centre avec les mouvements qui la déterminent.

Le battement, au contraire, est conforme à la nature physiologique; le cerveau possède ce mouvement; le cœur, qui est le localisateur des émotions, se déplace de cette façon; ce déplacement montre que cet organe peut recevoir des impulsions spéciales senties là; elles modifient la nature même de ce déplacement, soit par accélération, soit par ralentissement, soit par des effets plus faibles, moins sensibles sous ce rapport, suivant la délicatesse ou la force de ces agitations (émotions au cœur).

En se basant sur cette modalité motrice, tout mouvement sur ce centre, en s'y imprimant, influe sur ce battement; toute impulsion qui en émane est dans les mêmes conditions. Mais les courants qui entourent ce centre, forment en partie obstacle à ces modifications; ce n'est que là où cette résistance ne se produit pas qu'il y a réellement impulsion de forme par pression extérieure, effets

de ces mouvements et de ces impulsions, soit donc production ou des sensations et de leurs correspondants, ou
des impulsions, révélées par les développements sentis. Le
centre s'absorbant par l'application de son activité dans
l'un de ces mouvements, les autres restent isolés par jeu
réflexe; ils n'influent que très légèrement sur lui, comme
une légère émotion le fait à peine sur le cœur. De plus,
une impulsion dans un mouvement de va-et-vient peut
prendre les formes les plus multiples: on le voit par le
travail de la main, avec laquelle on peut reproduire les
images de tous les objets connus; de la sorte on conçoit
qu'une variation impulsive pareille au centre puisse entraîner des résultats analogues. Certains milieux étant
seuls influencés par ces variations, parce qu'ils sont seuls
aptes à en être modifiés, elles restent ainsi isolées avec
les nombreuses transformations qu'elles nous révèlent.

De la nécessité de l'organisme et de sa formation.

Le centre étant un, indivisible, et ayant activité, pour
avoir la révélation de ses propriétés, de ses actions, a
besoin de milieux avec lesquels il est en contact, sur
lesquels il peut agir, à qui il peut donner impulsion; car,
n'ayant de contact avec aucun milieu, ne pouvant agir sur
lui-même, étant donnée son indivisibilité, agissant par surface, si cette action ne rencontre rien, elle reste limitée à
elle-même et ne peut rien produire.

Cette nécessité étant, le but du centre est évidemment de trouver les milieux qui répondent le mieux à
cette disposition générale, c'est-à-dire qui lui permettent
de multiplier ses impulsions ou ses sensations. Tant qu'il
ne rencontre pas un de ces milieux, il reste forcément
passif, inerte; dès qu'il en trouve un qui agit sur lui, la
réaction se produit immédiatement; il devient agissant à
son tour, il devient moteur; ses propriétés concentratives

et réflexes entraînent ce milieu; c'est l'embryon d'un organisme.

S'il enferme ainsi ce milieu dans son cycle, si lui-même en devient comme le pivot, il subit forcément l'influence de ce milieu et de ces deux actions naissent les lois de l'organisme ou de la constitution; c'est là l'origine des espèces.

Appliquant ses propriétés à ces formations, il parvient à modifier à la longue les formes impulsives et à préparer une voie nouvelle à son développement; il crée ainsi la modification vers le perfectionnement, et ce qui aide spécialement à cette transformation, c'est la migration du centre chez les ascendants où il vient puiser les lois constitutionnelles acquises par eux, soit les lois de l'hérédité.

Que le centre est le foyer des lois constitutives de l'organisme.

Le centre étant un, indivisible, il est évident que tout élément qui vient s'y adapter, ne peut en faire partie intégrante; il n'est sujet ni à augmentation, ni à diminution, soit par assimilation, soit par élimination, le contraire déterminant nécessairement sa nature en composante, et ainsi sous toutes les phases par lesquelles il passe, il est entier, à l'état de germe, en gestation, durant la vie.

Du moment qu'il est entier à l'état de germe, et comme il est le centre de tout l'organisme, il faut que les éléments qui doivent servir à constituer celui-ci se groupent autour de lui, s'adaptent à lui, s'ajoutent les uns aux autres par voie de nutrition pour former finalement ce corps qui lui permet de se mettre en rapport avec le monde extérieur au milieu duquel il est destiné à vivre.

Ce travail constitutif se fait suivant des règles fixes ou lois, c'est-à-dire qu'il y a une régularité d'organisation qui y préside; le descendant reproduit les formes constitutionnelles des ascendants; il le fait avec leurs propriétés, leurs qualités et leurs défauts; et si l'un ou l'autre état sain ou morbide se transforme, se modifie, il se représente souvent dans la deuxième descendance, de sorte que cette hérédité partielle se maintient; seulement elle est à l'état latent. A la longue cependant les caractères changent, ils se plient, dans leurs métamorphoses, aux conditions vitales, c'est-à-dire expérimentales; c'est de là que naît la transformation de l'espèce humaine comme des autres espèces, au travers des siècles.

Par la reproduction de la constitution des ascendants, il y a formation d'un milieu composé de plusieurs appareils, dont les uns sont nécessaires aux autres pour maintenir ce but final qui est la vie; il y a là un enchaînement général directeur qui lie les éléments différents entre eux; il a forcément son siège en quelque endroit de l'organisme, soit dans les éléments mêmes, soit dans ce centre.

Ces éléments à l'origine ne sont autre chose qu'une masse confuse, composée, destinée à être subdivisée en autant de milieux qu'il y a d'organes spéciaux composant le corps; suivant le rôle que chacun d'eux est obligé de remplir, chacun a sa loi spéciale d'évolution; mais il existe en dehors de celle-ci une subordination à une loi générale dirigeante qui détermine l'enchaînement de ces évolutions particulières et les astreint à la formation finale du corps.

Cette subordination, cette règle générale directrice ne peut être sans un milieu qui la possède et qui a cette fonction générique dont dépendent toutes les autres. Ce milieu est donc en rapport avec tous les organes; c'est de lui qu'émanent les impulsions qui les régissent; comme, en outre, l'expérience de la vie sert à modifier ces impulsions, que cette expérience s'acquiert par les sensations, que le centre, comme il a été déterminé, est le récepteur et l'impulseur de ces manifestations, il s'ensuit que c'est lui qui est le milieu qui possède la loi directrice de l'organisme.

Et de fait, tous les courants organiques gravitent autour de lui; c'est à lui qu'arrivent toutes les révélations
dans le trouble des fonctions; c'est lui qui reçoit les impressions nécessaires pour pourvoir à leur entretien; c'est
lui qui souffre quand il s'y produit une modification nui-
sible; c'est lui qui est heureux quand au contraire l'organisme peut se développer suivant ses lois naturelles. C'est
donc la sensibilité du centre qui dirige la formation du
corps; il possède dès lors forcément cette loi directrice,
puisqu'il réagit contre tout ce qui est contraire à la nature organique.

De la façon dont le centre possède les lois consti-
tutives et de la façon dont il les applique dans
la formation de l'organisme.

Le centre est un, indivisible; il a puissance concentrative et réflexe; il a passivité de réception au point de
vue des milieux dont il subit l'influence; il a propriété
conservatrice des formes de mouvements qui agissent sur
lui; il a propriété de reproduction de ces formes, comme
il le fait pour les images des corps qu'il retrace au moyen
de l'organe visuel ou de la main, et pour les sons qu'il
imite à l'aide de l'appareil vocal.

Le centre s'échappe des ascendants, dont il reçoit la
vie; il est organisé comme corps par eux, en eux, sur leur
plan; il apparaît au jour, quand sa constitution est assez
complète pour qu'il puisse se développer au dehors de l'influence directement organisatrice de ses ascendants; il est
alors à même d'acquérir sa propre individualité.

Tout en prenant possession de soi, il reproduit dans
son développement les caractères physiologiques et psy-
chiques de ses ascendants, avec leurs propriétés saines ou
morbides, de sorte que le centre a puisé chez eux les
éléments avec leurs lois d'évolution et tous leurs façon-

nages perfectionnés, de même que les défectuosités produites dans les divers organes par la vie, par la nourriture, par les climats.

De ce qu'il est un, il existe dans l'organisme de l'un
ou l'autre ascendant; il ne peut être formé par l'un ou
l'autre, ou par les deux à la fois par l'accouplement d'éléments puisés chez chacun d'entre eux, parce que toute
formation, quelle qu'elle soit, se réduit à cette double
conception :

Soit de soustraire un milieu simple existant à d'autres
milieux qui l'enserrent, et d'y adjoindre de nouveaux éléments ;

Soit de soustraire un milieu composé existant à d'autres
qui l'enchaînent, et de le mettre en contact avec d'autres,
pour former un nouveau composé.

Le centre, se révélant à nous sous la conception de
l'unité et de l'indivisibilité, il en résulte que le but de la
gestation est de l'arracher aux milieux qui l'environnent,
pour lui donner liberté d'action, en lui permettant une
formation constitutive individuelle. De la sorte, il n'est pas
créé; il est préexistant chez l'un ou l'autre ascendant. S'il
n'y révèle pas son existence, c'est qu'il y reste soumis
tout le temps à l'action directrice de l'ascendant, à la
subordination générale qui règle tout l'organisme et qui a
son foyer au centre. Celui-ci possède les moyens de développement complets; il a les éléments constituants à sa
disposition pour ce jeu, tandis que le germe héritier est
obligé de les, lui emprunter; il subit nécessairement cette
influence.

Le centre de l'ascendant possède l'impulsion génératrice de tout l'organisme; cette impulsion se communique
à des éléments aptes à les prendre, et sont ainsi transmis
par circulation au descendant. Les éléments se classent
naturellement suivant cette impulsion; de là la description
des diverses formes correspondantes, transmises à celui-ci.
Elles y sont amenées grâce à la force concentrative du

centre du descendant, soit qu'elle agisse déjà légèrement
quand il évolue chez son ascendant, soit qu'elle se développe quand il est isolé, à la suite de l'acte organique
qui l'arrache à sa condition première.

Grâce à sa passivité réceptive, il reçoit ainsi ces
formes; il en conserve les façons d'être, pour les reproduire dès qu'il aura conquis sa liberté. Par le jeu de la
force concentrative, un petit nombre d'éléments restent déjà
appliqués au centre héritier suivant ces formes, constituant
ainsi les bases premières des organes et de la constitution
du corps; ce qui vient confirmer cette assimilation, c'est
l'évacuation qui précède la gestation et qui est constituée par
un milieu divisible composé. Ce même travail d'assimilation se continue lors de la gestation du centre; il agit sur
les mêmes éléments, d'une façon autre, plus puissante, comme
il le prolonge, durant la vie, sous de nouvelles modalités
d'absorption alimentaire; l'un des états préparant la voie à
l'autre. Mais si les moyens de constituer l'organisme passent
ainsi par les phases diverses, l'action du centre reste toujours la même; il reproduit les formes par les impulsions
qu'il donne aux éléments constituants. Il agit ici absolument comme il le fait en déterminant la reproduction des
sons, des images des corps par la main (dessin), par les
émissions visuelles (imagination), avec cette différence que
les impulsions au centre agissent sur des éléments moins
fluides; elles provoquent ainsi des formations plus tangibles.
Ce qui le prouve, c'est qu'une violente émotion chez la
mère, à un moment où l'enfant n'est pas encore assez
avancé dans sa formation lors de la gestation, influe sur
son organisme; en dehors des accidents morbides qui peuvent
en résulter et dont les origines peuvent être plus difficiles
à déterminer, on remarque que la vue d'un objet qui provoque cette émotion suffit parfois pour modifier les traits
humains, ou pour reproduire l'image de cet objet sur certaines parties du corps. Il est évident que la sensation
visuelle au centre, cause première de cette agitation, a

provoqué, par la violence de cette émotion, un courant correspondant à cette forme, que ce courant est parvenu au centre du descendant, d'où par son intensité il s'est rejeté sur des éléments à qui cette forme a été transmise et qui l'ont reproduite de cette manière.

Toutes ces situations acquises par le centre le sont, il est vrai, sans aucune manifestation; elles ne sont plus comme ces émissions vocales, visuelles, manuelles qui se développent à la suite des expériences vitales; c'est que là ce sont les éléments façonnés eux-mêmes qui obligent à ces impulsions directrices, en les imprimant au centre. Celui-ci les conserve naturellement, quoiqu'il n'en ait aucune sensation, pas plus qu'il n'en a des mouvements du cerveau, du cœur, de l'estomac, des intestins. Il se les approprie, et une telle phase se conçoit aisément quand on réfléchit à ce phénomène que les sensations ne révèlent qu'une partie des propriétés du centre; elles laissent dans l'ombre certaines manifestations d'activité qui sont nécessaires au jeu de ses facultés et dont les résultats seuls viennent nous surprendre; elles consistent en un travail latent, d'après lequel, après avoir étudié péniblement certaines questions pour arriver à les résoudre, la lumière éclate tout d'un coup, l'enchaînement se produit, la solution se déroule avec une clarté surprenante; c'est ce travail latent qui aide à la transformation des dispositions par la résistance qu'on y oppose; c'est ce travail enfin qui permet de puiser dans l'expérience vitale pour transformer le caractère, l'organisme et de le diriger ou vers l'abêtissement, ou vers le perfectionnement. Ce travail mystérieux s'accomplit évidemment par des actions continues du centre sur des milieux; ces actions sont trop délicates pour se révéler comme sensations.

Le centre, une fois en possession de ce façonnage, dû aux impulsions de son ascendant, aux éléments façonnés, devient impulseur à son tour; il reproduit les formes acquises au moyen de son action sur ces éléments. Cette

action consiste forcément en des mouvements excitateurs
de surface, et comme il est indivisible, ces mouvements se
résolvent par des descriptions de forme sur cette surface;
pour qu'ils puissent être impulsifs, il faut qu'ils aient une
force de déplacement qui transmette par pression ces formes,
reproduites à la surface, à ces éléments, c'est-à-dire qu'ils
doivent se produire par le battement ou le mouvement de
va-et-vient. Les formes peuvent se marier aisément à ce
déplacement, se multiplier sur sa surface, et répondre ainsi
à la multiplicité des organes dont l'ensemble constitue le
corps. On voit ce phénomène se produire pour les images
des corps, et les nuances s'y rattachant: que de sensations
visuelles révélées au centre, et qui y impriment, avec leur
netteté de formes, celle de leur proportionalité au point
de vue de leurs dimensions et de leurs situations respec-
tives; le centre les reproduit ensuite avec toutes ces variations par émissions visuelles proprement dites (jeu d'imagination). Toutes ces formes, se modelant sur sa nature,
c'est-à-dire sur ce mouvement, constituent par leur ensemble le générateur de l'organisme. Ce qui peut s'appliquer à la description ou à l'évolution d'un organe quelconque, peut s'appliquer à tous les autres; ce qui expliquera
un enchaînement d'organes quelconque, expliquera l'enchaînement de tout l'organisme.

Les impulsions organiques que le centre reçoit ne
consistent pas seulement en des formes reçues, correspondant au plan de l'organisme, mais encore en des portées
héréditaires, c'est-à-dire que le développement des organes
et de l'organisme se fait par des impulsions dont la limite
est déterminée par les ascendants. Le centre possède
ces portées diverses, grâce à la force impulsive de son
ascendant qui les a en lui et qui les lui transmet. A
chaque partie de forme correspond une portée différente,
absolument comme dans un faisceau visuel chaque mouvement composant est senti avec sa portée et entraîne la
localisation correspondante suivant celle-ci; le centre, re-

produisant cette partie de la forme, reproduit la force impulsive correspondante (reproduction des images par émissions visuelles, paysage, etc.).

Si, dès l'abord, les portées impulsives sont limitées à des rudiments d'organes; s'ils se développent au fur et à mesure de l'augmentation des éléments constituants, cela tient à l'action de la puissance concentrative du centre.

Elle agit sur les éléments constituants; elle les attire vers lui et les accumule ainsi; les impulsions causatives de forme se développent en sens contraire de cette attraction; il en résulte des résistances, donc des compressions qui déterminent la liquéfaction de ces éléments, puis leur viscosité, enfin la solidification, et cela au fur et à mesure de l'accumulation de ces éléments constituants. C'est là un phénomène de formation analogue à celui produit par les compressions thermiques; elles amènent la liquéfaction, la solidification, la cristallisation (glace). Ce travail se fait suivant les formes conservées au centre, et de cette espèce de pétrissage naît l'organe; il se développe jusqu'à la limite de portée des impulsions, limite résultant du jeu de ces portées, de la force interne concentrative du centre, de la valeur spécifique des éléments constituants. Plus ceux-ci sont accumulés, plus ils sont comprimés, plus l'organe acquerra de solidité: il sera ou fluide, ou élastique, ou solide; ces états dépendent des éléments comprimés et des impulsions variables fixés héréditairement au centre.

Comme la force concentrative et la force impulsive agissent sur chaque organe tout le temps de son développement, comme, en outre, il y a assimilation et désassimilation continues durant la vie pour l'entretien de l'organe et de l'économie en général, il en résulte que le mouvement d'origine qui a donné lieu à sa formation, continue d'agir dans les mêmes conditions en lui; comme cette action ne peut se faire que par l'intermédiaire d'un courant apte à la recevoir et à la transmettre, il faut qu'il existe dans l'organe un de ces courants continus, tel qu'il se développe à l'origine de la formation de cet organe, qui soit donc apte à recevoir ces impulsions : il est la continuation du courant générateur. Les éléments qui viennent le composer, pénètrent dès lors le tissu correspondant, mais pour cela il faut que le groupage particulaire du courant corresponde à celui du tissu; il y circule alors sans difficulté, comme l'électricité dans un fil conducteur, comme la lumière au travers d'un corps transparent; de cette façon, la puissance impulsive et concentrative y agit également sans difficulté et opère comme à l'origine la transformation des éléments constituants en éléments d'organes. Tout élément qui est apte à s'adapter à ce mouvement, est concentré ou attiré; au contraire, celui qui ne l'est pas, est expulsé par cela qu'il ne peut pénétrer dans le groupage particulaire du courant constitutif; il y forme obstacle, de là une accumulation, une pression, une expulsion; c'est ainsi que l'homogénéité de l'organe est constituée; c'est ainsi que se fait le jeu des assimilations et des désassimilations organiques.

Si l'un des organes se trouve être attaqué chez l'ascendant par un élément étranger, morbide, ou par une cause qui peut agir sur le courant constituant, en y pénétrant et en pouvant s'y maintenir, ce courant subit une modification qui fait retour au centre; elle agit à son tour sur l'impulsion génératrice et la modifie suivant cette transformation; le descendant reçoit ainsi cette impulsion, la conserve, la reproduit avec ses défectuosités; de là l'hérédité morbide. C'est là un mal; mais c'est un mal nécessaire provenant de la passivité réceptive du centre, grâce à laquelle il est ce qu'il est. Si les courants constituants ont ainsi action sur lui, s'ils sont modifiables, s'ils n'ont pas une rigidité d'évolution exempte de toute transformation, c'est pour que le centre, à son tour, puisse agir sur eux et déterminer la transformation vers le perfectionnement. Dans le cours de la vie expérimentale, il peut profiter des leçons qu'il reçoit journellement pour combattre ces hérédités morbides, en atténuer les effets et s'en affranchir à la longue, par l'empire que l'homme peut prendre sur lui-même, en évitant tout ce qui augmente ces dispositions et en recherchant tout ce qui sert à en atténuer les effets.

L'enchaînement même des organes qui se résout par la formation du corps, se conçoit aisément; toutes les variations de forme étant au contre, par cela qu'il dirige l'organisme, toutes les impulsions correspondantes sont en lui d'après le plan de l'organisme; elles agissent toutes à la fois lorsque ce descendant devient actif, et comme les éléments, pouvant constituer chacun d'eux, existent dans l'ascendant et ainsi autour de lui, les descriptions des appareils se font dans les mêmes conditions d'évolution que l'un des organes quelconques; il y a à la fois classification des éléments suivant les impulsions qu'ils sont aptes à recevoir. Un tel phénomène d'enchaînement est révélé d'ailleurs par la vie journalière : un son entraîne immédiatement l'image du corps qui l'a causé; la vue d'un objet fait dérouler en nous une série d'images qui y ont été attachées expérimentalement; la correspondance dans le raisonnement, dans les idées, est basée sur les mêmes relations; l'impulsion qui provoque l'une, détermine les impulsions correspondantes, entraînant les autres; c'est ici un fait expérimental, moins puissant dans ses résultats que l'impulsion organique, mais il est absolument du même ordre.

Si maintenant on veut encore admettre la formation d'un organe quelconque en dehors de l'influence du centre, on remarque dès l'abord qu'il faut, avant tout, pour la formation de cet organe, des éléments préparés par les ascendants, puis, par divers autres organes spéciaux chez le descendant quand il a pris possession de son individualité. Cette préparation suppose nécessairement l'induction du but à réaliser dans cette préparation, c'est-à-dire une subordination générale à une force directrice qui ne peut avoir son point

d'application qu'au centre où aboutissent toutes les sensations et d'où partent la majeure partie des impulsions.

Ces éléments, une fois façonnés, forment un noyau
rudimentaire premier qui sert de base à la description de
l'organe. Pour le décrire, il faut évidemment admettre en
ce noyau une impulsion pareille à celle établie pour le
centre. Cette impulsion ne peut pas être comparée à la
force thermique qui détermine la solidification, la cristallisation, puisque les mêmes éléments, dans les espèces différentes et chez les individus de même espèce, déterminent
des formations autres, dues à l'hérédité. De plus, comme
ces éléments ne produisent cette formation que là, il faut
admettre que ce n'est que là qu'ils acquièrent cette propriété
d'assimilation régulière, grâce à cette impulsion; ils ne la
possèdent donc pas en eux, il faut qu'elle soit la propriété
d'un noyau qui a donc une activité spéciale. Elle ne peut
être propriété du groupe, sans être dans ses éléments
composants, un groupe ne pouvant avoir activité, si ses
particules ne l'ont en elles, et ainsi on peut au plus admettre que ce noyau est formé d'éléments qui ont les propriétés du centre, qui lui sont subordonnés et qui peuvent
donc être centres à leur tour. Quoiqu'une pareille chaîne
de centres de même nature ne semble pas nécessaire pour
la formation de l'organisme, étant données les propriétés du
centre directeur, cette conclusion qui semble répondre
mieux aux conceptions physiologiques et aux réflexes correspondants, ne peut être contredite par des preuves à
l'appui, puisque les sensations nous manquent pour nous
renseigner là-dessus; nous devons au contraire nous prému-
nir contre toute présomption, car nous avons une tendance
à unification tirée de nous-mêmes, de notre centre indivisible qui nous porte à nous élever contre cette dernière
conception.

Cette conception, tout en heurtant une pareille disposition, n'a rien qui puisse nuire à la haute opinion qu'on
peut prendre de soi: il faut bien admettre dans les ascen-

dants l'existence de centres subordonnés à eux, pour arriver à la descendance; la vie nous révèle en outre une telle variété d'êtres vivants, une telle richesse dans les espèces humaines, qui peuvent se multiplier sans une règle limitatrice bien définie, qu'il faut bien admettre l'existence d'un nombre infini de centres pareils à nous, malgré ce penchant égoïste qui nous porte à nous élever sur un piédestal, au-dessus de toutes les autres espèces. Que ces centres circulent en nous ou au dehors de nous, qu'ils soient paralysés totalement ou partiellement, qu'ils jouent un rôle secondaire ou tertiaire, cela n'enlève rien aux propriétés du centre directeur, cela ne fait que réduire sa puissance d'application. La vie nous révèle cette réduction par les états morbides qui s'étalent à nos yeux, par la variation que subit l'évolution des êtres au travers des siècles; mais, malgré cette faiblesse répandue autour de nous et qui nous révolte, nous sommes heureux de vivre, nous voudrions même vivre toujours, dussions-nous rester sous le coup de ces situations pénibles; dussions-nous végéter dans des conditions d'infériorité organique que nous dédaignons!

Du but du centre.

Le centre étant un, indivisible, actif, sensible, tout son but consiste dans le jeu de cette activité qui se révèle par celui des sensations. Étant actif, il agira sur les milieux mis à sa portée, tout naturellement, et si ces milieux peuvent s'adapter à lui, en subissant son influence, il constituera avec eux un organisme pour arriver à sentir ou à vivre. Toute la vie consiste dans la sensation; tout milieu qui n'en a pas, est un milieu mort, parce que c'est un milieu qui est inactif vis-à-vis de lui-même, parce que c'est un milieu qui ne sent rien. Il est évident que dans cette recherche de la sensation, c'est la sensation agréable et non la souffrance qu'il faut poursuivre. Toute la question dans les sensations agréables, c'est de savoir lesquelles sont les plus agréables, lesquelles répondent le mieux à la nature du centre, pour le remplir de cette satisfaction intime qui s'appelle le bonheur. Or, toutes les sensations qui sont essentiellement organiques, quelque jouissantes qu'elles puissent être, provoquent la fatigue, l'énervement, la satiété par leur répétition fréquente, tandis que l'application des propriétés du centre au jeu de la pensée entraîne des jouissances moins violentes, plus douces, plus profondes, plus indépendantes des situations et de l'âge, de sorte que c'est dans cette application que réside la véritable tendance du centre; c'est ce travail menant vers le perfectionnement qui répond le mieux à son but; car, plus il arrivera à se développer dans cette direction, plus ses sensations seront délicates, plus elles seront multiples et plus le centre satisfera à son avidité impressive. Malheureusement les souffrances et la mort viennent bouleverser tout ce jeu; les luttes pour la vie détournent de ce but, et le temps où l'homme peut se dire réellement heureux, est bien écourté eu égard à celui qui est absorbé par les agitations, les soucis, les inquiétudes, les tourments moraux et physiques. Si on pouvait s'affranchir de toutes ces agitations, si on pouvait se débarrasser de la mort, c'est là qu'on se croirait réellement heureux, et on se demande comment ce centre qui a tant de propriétés remarquables, et dont la plus grande est l'éternité, ne puisse parvenir à s'entourer d'éléments qui partagent cette situation éternelle avec lui, et qui en même temps permettent un bonheur sans mélange, un bonheur également éternel. Une telle perspective, que les religions font briller à nos yeux, suffit pour faire supporter bien des maux et pour provoquer bien des dévouements admirables.

Dès l'instant qu'une telle situation est sentie aussi brillante et désirée aussi ardemment, il semble que le centre doive faire tous ses efforts pour y atteindre, qu'il doive y arriver naturellement, comme par un droit inhérent à sa nature, pour parvenir à éviter avec les maux qui l'assaillent, la destruction organique qui l'épouvante.

C'est qu'avant tout le centre, étant indivisible, a besoin de milieux composés pour pouvoir se manifester à lui-même comme aux autres; il ne peut évidemment pas transmettre à des éléments des propriétés autres qu'ils n'ont, et encore moins à leurs composés, qui, par cela même qu'ils sont composés, sont fatalement destructibles ou réductibles; tout ce qu'il peut faire, c'est de s'efforcer de constituer ces éléments de la façon la plus parfaite possible pour répondre à son but. Une telle organisation ne s'obtient pas d'un jet; le centre ne peut créer des éléments, il peut les adapter, et pour leur donner l'appropriation la plus parfaite, il faut que le centre les transforme par contact, rejetant les uns, s'emparant des autres, acquérant ainsi la connaissance obtuse de leurs propriétés. Ce façonnage d'origine, chaque descendant en profite, le continue en le perfectionnant; de là naît la filiation des espèces et leur transformation. Un tel travail se produit lentement à cause de l'empire que les éléments constitués ont nécessairement sur le centre et qui est dû à leur formation même; elle les lie fortement à lui et leur donne puissance organique, afin qu'il puisse s'en servir à son tour. Le centre qui y préside en tire son profit. Comme il conserve les façons d'être des formes actives, obtenues expérimentalement, comme il révèle cette conservation même, après qu'elle semble depuis longtemps perdue (souvenirs, lucidité fiévreuse, lucidité avant l'agonie), on peut admettre la possibilité d'en tirer encore parti après la mort sous une nouvelle évolution qui pourra ainsi prendre une forme plus parfaite à la suite de l'expérience acquise.

Cette forme plus parfaite peut ne pas tomber sous nos sens; elle est possible, puisqu'on voit l'homme vivre d'une vie intellectuelle, c'est-à-dire se satisfaire de sensations dont les bases sont dans la reproduction de formes acquises, sensations d'un ordre supérieur à celles qu'on

appelle communément matérielles: pour les développer il
faut des éléments plus délicats, moins accessibles aux
attaques du temps et moins causatifs de situations douloureuses. Le centre prépare ces éléments par ses organes;
ces organes peuvent se perfectionner suivant cette direction
impulsive et ainsi aider à cet état de développement en faci-
litant le maniement de ces éléments et de ces organes.

Malgré cela, il y a lieu de s'étonner de cette disposition du centre à la souffrance, car c'est parce qu'il peut
souffrir qu'il souffre et qu'il lui est impossible de s'affranchir de la douleur d'une façon absolue, puisqu'elle est de
sa nature. Voilà certes une propriété dont on voudrait se
défaire, mais c'est une propriété nécessaire, parce qu'elle
guide le centre dans la recherche des éléments constitu-
tifs; elle l'avertit contre eux; elle le détourne des causes
qui le font souffrir comme étant nuisibles à la constitution; c'est ainsi qu'il acquiert une expérience qui lui
permet d'éviter peu à peu ces états douloureux, pour arriver
à des situations voisines du bonheur; en un mot, c'est
parce qu'il peut souffrir qu'il a le guide le plus sûr pour
arriver au développement et au bonheur.

Certes, si on comprend un tel but des ascendants aux
descendants, tant au point de vue du développement physique qu'intellectuel, s'il se poursuit sans dérogation au
travers des siècles, d'un commun accord entre tous, tel
qu'on le voit parfois chez un petit nombre, on prépare le
terrain à une future perfection.

Les religions ont produit et produisent des exemples
frappants d'une telle filiation. Le but ici est le même: le
bonheur éternel; il revêt seulement des couleurs plus ra-
tionnelles; si on s'en pénètre bien, on sentira en soi la
même force pour le poursuivre et le même détachement,
en marchant dans cette voie. Les philosophes de l'anti-
quité en présentent de frappants exemples.

TABLE DES MATIÈRES

DE LA

PREMIÈRE PARTIE.

Strasbourg, imprimerie R. Schultz & Cie. — 3130.

www.ingramcontent.com/pod-product-compliance
Lightning Source LLC
Chambersburg PA
CBHW070917280326
41934CB00008B/1761